JN418340

祝福이었습니다

徐錫九(사도 요한) 神父 自敍傳

신아출판사

사도요한 서석구 신부

| 책을 펴내며 |

삶의 의미를 발견한 나의 고백

아일랜드 극작자 버나드 쇼의 묘비명인 'I knew if I stayed around long enough, something like this would happen…'(우물쭈물하다가 내 이럴 줄 알았지…)를 처음 읽는 순간 나는 묘한 느낌을 받았다. 세상에 누릴 것을 다 누린 그도 이렇게 후회의 말을 하는데 평범한 우리는 어떻겠는가?

사제는 분명 평범한 사람은 아니다. 그러나 사제 이전에 평범한 인간에 불과하다. 인간적인 관점에서 볼 때 나도 갈팡질팡하다가 여기까지 온 것이 아닌가 생각되어 마음이 편하지는 않았다. 언젠가 죽음 앞에 설 것인데 서둘러서 나를 고백한 글이라도 써놓아야겠다고 생각되어 묘비명 대신 이 책을 기록했다.

흔히 자서전이라고 하면 사회적으로 성공한 유명한 사람들의 전용물로, 우리 같은 평범한 사람은 어울리지 않는다고 생각했다. 하지만 자서전 쓰기를 통하여 지나온 인생 여정을 성찰해보면서 삶의 의미를 새로이 발견하고, 남은 삶을 어떻게 살 것인지 통찰을 얻을 수 있다는 생각에 용기를 얻었다.

지금까지 천주교 신부가 쓴 자서전을 읽어 본 경험이 없기에 조심스럽게 펜을 잡았다. 책은 잉크로 쓰지 않고 피로 쓰는 것이라고 말한 독일 철학자 니체의 심정으로 나의 이야기를 써내려갔다.

하느님 앞에 죄인이요, 인간 앞에 부족함이 많지만, 나는 나 자신을 이런 말로 위로해본다.

"서석구 신부, 그동안 수고했어!"

2014년 가을

창문이 큰 집에서

서석구(사도 요한) 신부

| 축간사 |

멋쟁이 우리 동창 서석구 요한 신부님

우리 동창 서석구 요한 신부님의 자서전을 읽다가, 여러 해 전에 〈홀랜드 선생님의 직품〉(Mr. Holland's Opus)이라는 영화를 보고서 들었던 생각이 새삼스럽게 떠올랐습니다.

'그래, 인생은 저런 거야. 내 인생 이야기에서 주연은 바로 나고, 다른 모든 사람은 조연이지. 물론 연출자는 솜씨 좋은 하느님이시고….'

누구의 인생 이야기든 그걸 어떻게 풀어내놓느냐가 문제이지, 온 마음 온 뜻으로 풀어내기만 하면 모두 하나의 '작품(opus)'이 아닐 수 없습니다. 서 신부님은 이미 여러 작품들을 통해 그 글솜씨를 한껏 발휘하였으니, 그 결정판이라 할 수 있는 이 자서전 〈축복이었습니다〉에서도 신부님의 마음과 뜻이 담긴 구수한 인생 이야기를 들을 수 있습니다.

일반인의 인생 이야기가 아닌 '하느님의 사람'인 사제의 인생 이야

기는 더 큰 뜻이 있다고 나는 생각합니다. 그것은 한 사제를 통해 이루어내신 하느님의 작품이기 때문입니다. 그 점은 이 자서전의 제목에도, 제2편 '더불어 행복했던 삶'이라는 제목에도 잘 나타나 있습니다.

글을 쓰는 것은 생각이나 삶을 정리한다는 의미가 있을 것입니다. 서 신부님은 자서전을 통해 자신의 생각과 삶을 가지런히 정리한 셈인데, 이제는 하느님께서 언제 부르시든 홀가분한 마음으로 기쁘게 따라 나설 수 있지 않겠습니까? 그런 점에서 서 신부님이 참 부럽습니다. 나는 아직도 생각이나 삶이 어수선한 상태거든요.

서석구 요한 신부님, '일(opus) 내셨습니다'. 이 지면을 빌어 신부님의 사제 서품 40주년도 함께 축하드립니다.

형님, 사랑합니다!

2014년 5월 독배마을 옛 진달네집에서

동창 정승현 (요셉)신부

| 차례 |

제1편 | 평범함, 그 자체로 아름다웠던 삶

1장 신앙의 바탕이 된 가정 분위기

2장 행복한 추억으로 가득 찬 유년 시절

3장 세상에서 가장 친근한 말, 어머니

4장 기쁨이 충만했던 중학교 시절

5장 의기소침했던 고등학교 시절

6장 암울했던 청년 시절

7장 나의 인생 터닝 포인트

제2편 | 사제, 더불어 행복했던 삶

1장 중앙성당 보좌신부로 부임

2장 1975년 첫 본당 신부로 진안성당 부임

3장 1978년 함열본당 부임

4장 1982년 고창성당으로 부임

5장 1986년 교포사목

6장 1990년 전주 화산동성당 부임

7장 미국 엘파소 안식년

11장 2003년 원평성당 부임

12장 2005년 성바오로복지병원 장기 요양

13장 2006년 요셉동산 양로원 원목신부 부임

14장 2009년 금암성당 부임

제1편

평범함, 그 자체로 아름다웠던 삶

이삭줍는 여인들

제1장

신앙의 바탕이 된 가정 분위기

1. 나의 뿌리

나는 대구 달성서씨 전첨공파大丘 達城 徐氏 典籤 公派이다. 고조부는 서백순, 증조부 서상근으로 고증조부께서는 경기도 이천에서 사시다가 흥선대원군 병인박해 때 전라북도 지금의 진안군 장재동으로 피난 오셨다. 몇 년 후 고증조부께서는 전북 진안군 선인동으로 주거를 옮기셨다.

증조부께서는 서병석(徐炳錫 요한) 서병록(徐炳祿 야고버)을 얻으셨고, 조부이신 서병석은 지금의 전북 장수군 수분리에 터를 잡으셨다. 이곳에서 농사를 지었는데 상당한 전답과 임야를 소유한 부농이셨다. 둘째 조부인 서병록은 서울로 유학을 가셨다. 천주교에서 운영하는 지금 동성고등학교로 당시 장면 박사가 교장이셨다. 졸업 후 번암면장으로 공무원생활을 하였고 양조장을 운영하셨다.

조부 서병석(요한)은 이성녀(마리아)와 결혼하여 5남 4녀를 낳으셨다. 장남이었던 아버지 서정우는 1938년 전북 장수군 덕산리 부 이종인님과 모 이봉분님의 2녀 이안나와 결혼하여 4남 1녀를 낳으셨다. 나는 3남으로 장수군 번암면 노단리 1066번지에서 출생했다.

결혼 후 부모님은 전북 남원으로 분가하셨다. 남원성당 김영구(베드로) 신부님의 부르심으로 성당 내 소학교 선생으로 근무하면서 교리교사와 성가대원으로 활동하셨다. 남원에서 약 5년간 거주하다가 1943년 전북 장수군 번암면사무소에서 첫 공무원 생활을 시작하셨다.

2. 1943년 동짓달 출생

지금까지 태어날 때 태몽을 꾸었다는 이야기를 들어본 적이 없다. 그러고 보면 보통사람인 것이 분명하다. 특별한 태몽을 꾸기보다 건강한 아이로 태어남이 축복이었다.

동짓달에 태어났다

나는 굴뚝 속만큼이나 깊은
북풍한설 칼바람 몰아칠 때
동짓달에 세상에 왔답니다

초가집 고드름 주렁주렁 열리고
부엌 아궁이 불을 지피며 태어났지요
그래서 나는 겨울 아랫목이 좋아요.
겨울만큼 차가운 머리로
아랫목만큼 따뜻한 가슴으로
세상을 녹이며 살고 싶습니다.

냇바람 맞으며
얼음썰매타고
겨울이 즐거웠습니다.

동짓달 생일잔치는
동지팥죽 한 그릇으로 만족합니다.
동짓달 친구들아 겨울감기 들지 말고
건강하게 아랫목처럼 따뜻하게 살아보자.

— (묵상집 『귀본향』 에서)

단기 4184년 3월 7일 조부 서병석 사망으로 우리 가족은 다시 수분리로 이주해서 할머니 삼촌 고모와 함께 대가족을 이루고 살았다. 이때에 삼촌 두 분은 서울로 유학을 갔으나 나이 어린 삼촌과 고모들을 거두느라 어머니께서는 9남매의 맏며느리로서 제일 힘든 삶이 아니었나 생각된다. 이렇게 몇 년 함께 살다가 할머니의 뜻에 따라 같은 마을로 분가하셨다. 당시 아버지는 동네일을 보다가 그만두고 다시 번암면사무소에 근무하셨다. 자전거로 출퇴근하였는데 치질로 고생하자 번암소재지에서 하숙을 하고 공휴일에만 집에 오셨다.

3. 아버지가 사랑채에 세운 서당

우리 형제가 살던 1950년대에 수분리에는 초등학교가 없었다. 약 12㎞ 떨어진 장수읍내에 학교가 있었다. 내 위의 형들과 삼촌 고모들은 학교에 다녔지만 나는 취학나이가 되지 않았다. 아버지께서는 사랑채에 서당을 세우고 학교에 가지 못한 어린이들을 위해 한자공부를 배우게 했다. 나이 든 형들은 글씨공부를 하고 우리는 천자문을 배웠다. 당시는 책 한 권을 마치면 책거리를 한다며 조촐하게 잔치를 했다. 나 역시 내 나이 또래 중 제일 먼저 천자문을 습득하여 책거리를 했다. 그 덕분으로 지금까지 한문을 읽는데 어려움이 없다.

4. 천주교 신자들의 피난촌 수분水分리

수분리는 물이 두 길로 갈라져 흐른다는 뜻이다. 동네 안쪽에서 흐르는 물은 장수 쪽으로 흘러 금강으로, 동네 밖으로 흐르는 물은 번암 남원을 거쳐 섬진강으로 흐른다. 지금은 뜬봉샘이라는 관광지가 되어 많은 사람들이 찾아온다.

당시는 천주교 신자들의 피난촌으로 약 50가구 정도가 살았다. 초창기 성당에 신부님이 상주한 때는 하루에 세 번 종소리가 울렸다. 아침 5시, 낮 12시, 그리고 저녁 6시, 하루에 세 번 종이 울린다고 해서 삼종이라고 했다. 그 당시는 시계가 없었기 때문에 성당의 종소리가 유일하게 하루의 시간을 알려주는 도구였다.

천주교 신자들은 이 종소리를 듣고 기도를 바친다. 나는 어머니가 밭일을 하시다가 종소리가 나면 하던 일을 멈추고 기도하는 모습을 보았다. 그래서인지 밀레의 「만종」 그림은 나의 애장품이다. 나의 저서 복음 묵상집 『밀알 한 알이 썩지 않으면』의 표지도 「만종」 그림이다. 나는 밀레의 「이삭 줍는 여인」 그림도 좋아한다. 밀레의 그림은 대부분 농촌을 배경으로 했기 때문에 정감이 간다.

수분리에서 살던 어린 시절, 좋은 기억으로는 서당에서 천자문 공부하던 일, 명절 때 어른들에게 세배 다니던 일, 뒷동산에서 비료 푸대로 썰매를 타면서 놀았던 일, 동네 아이들과 팽이치고 딱지를 치던 일들이다.

우리 집은 대농이어서 가을엔 원두막에서 참새 쫓는 일을 했다. 간식으로 옥수수와 감자도 구워 먹고, 늦가을에는 메뚜기를 잡아 반찬상에 올렸다. 개울에서 미꾸라지를 잡아 고무신에 담아 놀았다. 논두렁을 지나다가 뱀을 보고 놀라서 그 자리는 피해 다녔던 기억이 난다. 지금도 뱀은 나에게 혐오스럽다. 한번은 논에 발이 빠져 거머리란 놈에게 피를 빨려 얼마나 놀랐는지 모른다. 이곳저곳에서는 새를 쫓기 위해 우여우여 소리를 내면서 깡통을 두드려 가을 들녘은 시끄러웠다. 당시 형들은 학교에 다녔고, 나는 미취학이었기 때문에 새 보는 일을 많이 했다.

5. 할아버지의 신앙교육

저녁 식사가 끝나고 취침 전에 가족이 모여서 30분 정도 저녁기도를 올렸다. 어찌나 졸리는지 고개를 떨구는 때가 많았다. 할머니는 초저녁잠이 많아서 졸다가 할아버지의 헛기침 소리에 고개를 바로 세우곤 했다. 어린 우리들은 졸다가 할아버지에게 야단도 많이 맞았다. 모두가 노동일로 피곤하지 않은 사람이 없었다. 주일이면 의무적으로 성당에 가서 미사에 참여했다. 지나고 보니 할아버지 밑에서 받았던 신앙교육이 내 신앙생활의 기초가 되지 않았나 생각이 된다. 선친들의 신앙교육에 감사할 뿐이다.

6. 총기사건

1945년, 해방은 맞았지만 1950년 한국전쟁으로 치안은 엉망이었다. 낮에는 치안군이 치안을 담당했으나 저녁이 되면 빨치산들이 마을에 내려와서 양식과 필요한 것을 약탈해갔고 사람을 해치기도 했다. 곡식을 빼앗기지 않으려고 마루 밑에 독을 묻고 쌀을 숨기고 그 위에 장작을 쌓아 위장했다. 저녁에 빨치산들이 어머니에게 쌀을 내놓으라고 총구를 겨누며 위협을 할 때 내가 그 앞에서 크게 울음을 터트려 발길질을 당했던 기억이 생생하다. 저녁에 위험을 느낄 때면 은밀한 곳에 파놓았던 반공굴에 숨어 있던 공포의 시간들이 생각난다.

당시 큰형은 동네 치안군이었다. 하루는 장총을 가지고 와서 작은방 모퉁이에 세워 두었는데 실탄이 장착된 줄도 모르고 호기심으로 방아쇠를 당겼다. 다행히 인명 사고는 없었지만 총알이 천장을 뚫고나가는 위험한 상황이었다. 이후부터 나에게는 기계 콤플렉스가 생겼다. 지금도 기계 만지는 일에 두려움이 많다. 지금 사용하는 휴대폰도 10년이 넘는 구식이다. 기계조작이라면 지금도 운전하는 것밖에 모른다.

7. 어머니의 시집살이

어머니가 시집살이할 때에는 모든 것이 수작업이었다. 동네 어귀에 물레방아가 있었는데 어머니는 낮일을 하고 밤에는 방앗간에서 보리를 찧는 일을 하셨다. 나는 등불을 켜서 물레방앗간을 찾아가서 어머니를 도와 드리기도 했다. 저녁 늦게야 일을 마치고 돌아오는 어머니는 얼마나 고달팠을까. 지금 생각하면 가슴이 저려온다. 낮에는 가끔씩 디딜방아로 방아를 찧던 일도 생각난다.

이것뿐이랴. 저녁에는 삼베 길쌈으로 베틀 위에서 저녁 늦게까지 베 짜는 소리를 들으며 잠이 들었다. 그때 여인들은 그 엄청난 일을 하고도 힘들다느니 피곤하다느니 라고 말하는 소리를 들어본 적이 없다. 지금 같으면 상상도 할 수 없는 일을 감당했다. 그 힘이 어디서 나왔겠는가, 나는 아직도 그 답을 얻지 못한다. 우리 집은 대농이고 식량 걱정은 하지 않고 살았으니 그것만으로도 어머니는 부러운 며느리였을지도 모른다.

논과 밭이 많아서 바깥사랑채에는 머슴이 있었고, 농사철에는 부엌일을 도와주는 도우미도 있었다. 수분리에서 어머니 삶은 당시의 모든 여인들의 고달픔을 말해주고 있다고 생각된다.

어느 노래 가사를 듣다 보니 당시 여인들의 다급한 모습이 묘사되어 적어 본다.

「소낙비는 내리구요, 업은 애기 보채구요.
허리띠는 풀렸구요, 광주리는 이었구요.
소꼬팽이 놓쳤구요, 논에 둑은 터지구요.
치마폭은 밟히구요, 시어머니 부르구요.
똥 오줌은 마렵구요, 아! 이 일을 어쩌나.」

8. 아버지는 돌부처

어머니는 대식구를 거느리는 부잣집 맏며느리의 고달픈 삶이었지만 아버지는 번암면사무소에 다녔기 때문에 주일에만 다녀가셨다. 술을 좋아하였고 본래 농사일에는 관심이 없으셨다. 알사탕을 사먹으라고 용돈을 주셨을 뿐 아버지와의 특별한 추억은 생각나지 않는다. 말이 없으셔서 어린 내가 가까이하기엔 어려운 존재였다. 당시는 누구나 다 그렇게 살지 않았나 생각된다. 아버지 손을 잡고 걸어본 적도, 목마를 타본 적도, 추억에 남는 정다운 말 한마디도 생각나지 않는다. 그래서 어머니는 아버지를 보고 돌부처라고 하셨다. 나도 아버지를 닮아서 그런지 말이 적은 사람이다. 나이가 들어가면서 부쩍 그렇다. 부전자전인가?

9. 번암면으로 이사

우리는 수분리에서 살다가 내 나이 여섯 살 때쯤 아버지가 계시는 면사무소 근처 초가집으로 다시 이사를 했다. 두 번째로 분가한 것이다. 전깃불이 들어오고 바로 옆에는 면사무소 넓은 마당이 있었다. 집 앞에는 작은 개울도 흘렀다. 위로 형들은 초등학교에 다녔고 나는 취학 나이가 모자라 동네 개구쟁이들과 노는 데만 정신이 팔렸다.

아버지는 면사무소 호적계에 계셨다. 아버지 자리가 창문 옆에 있었기 때문에 유리창이 열렸을 때는 까치발을 하고 기웃거리면서 용돈으로 알사탕 값을 자주 얻어내었다. 왕사탕이나 제비뽑기는 아이들의 인기여서 나는 동네에서 목에 힘을 주고 다녔다. 공무원이라고 하면 면사무소, 지서(파출소), 초등학교, 우체국뿐이었다. 특히 면사무소 공무원에게는 배급을 주었는데 그때 귀한 설탕을 처음 먹어보았다.

이곳에서 살아가는 데 큰 불편함이 없었으며, 어머니는 고달픈 농촌 삶에서 해방되었다.

10. 사업가가 되신 아버지

할아버지는 형제가 둘이었다. 친할아버지 서병석은 수분리에서 농사를 지으셨고, 둘째 할아버지 서병록은 일찍이 서울 동성상업고등학교에 유학을 하셨고, 졸업 후 고향에 내려와 공무원으로 번암면장을 하다가 양조장 사업을 하시게 되었다.

1950년대는 한국전쟁으로 사회는 극도로 혼란했고, 특히 지방 치안은 말이 아니었다. 당시 공비들은 마을 유지나 공무원들의 신변을 위협하였다. 양조장을 하시던 작은할아버지께도 몇 번의 위험이 있었다고 들었다. 둘째 할아버지는 불행히도 후손을 두지 못하였고 건강도 좋지 않으셨다. 그래서 양조장을 큰집의 장손인 우리 아버지에게 맡기고 치안이 안전한 남원읍 동춘리로 이사를 가셨다. 그리하여 아버지는 공무원에서 사업가로 변신하셨다. 아버지는 사업가 기질이 아니고 전형적인 공무원 타입이셨다. 이런 성격 탓에 아버지 혼자 사업을 하기에는 벅찬 일이었다. 그래서 장수군 장계면에 계신 처남인 어머니 바로 아래 남동생 이상용에게 도움을 청했다. 아버지는 내근을 하셨고, 외삼촌은 활동적이어 주로 외근을 하셨다. 사업은 잘 운영되었다.

우리는 면사무소 근처 초가집에서 대궐 같은 기와집으로 이사를 했다. 당시 번암면 노단리 소재지에는 기와집이 두 채밖에 없었다. 위편에 사는 장씨를 장부자라고 불렀다. 토지와 임야를 제일 많이 소유했기 때문이다. 아래편에는 양조장인 우리 집이 있어 사람들은 위 기와집, 아래 기와집이라고 불렀다.

본채에서는 우리가 살았고, 옆채에서는 외삼촌이 살았다. 초등학교 다닐 때쯤 주조장으로 이사를 와서 경제적인 어려움 없이 성장했다. 이렇게 약 15년간 사업은 성장했으나 불행하게도 서병록 작은할아버지가 지병으로 돌아가시자 작은할머니와 양조장 상속권 문제로 고민하다가 아버지는 이곳에서 손을 떼시고 말았다.

우리는 이때에 학교에 다녔고 지방에서는 부잣집 소리를 들으며 남부럽지 않게 살았다.

초등학교 6학년 때

외사촌누나와 냇가에서

고향 친구들

바로 아래 아우와 냇가에서

제2장

행복한 추억으로 가득 찬 유년 시절

1. 늦은 초등학교 입학

번암면 소재지로 이사한 후 1년이나 늦은 나이에 입학했다. 그때에는 학교가 멀어 나뿐만 아니라 제 나이 입학생들은 얼마 되지 않았다. 우리 동창들 대부분이 취학 나이가 1~2년 늦는 것은 보통이었다. 우리 반은 남녀공학 한 반이었는데 상급반으로 올라가면서 나보다 나이 많은 학생들이 많았다. 특히 여학생들이 남학생들보다 평균 나이가 많았다.

우리 학교에도 사범학교를 졸업하신 여자 선생님이 한 분 오셨다. 단발머리 여선생님은 6학년인 우리 반 남학생과 몇 살 차이가 나지 않았다. 여선생님은 면에서 유일한 여자 공무원이었다. 화장한 얼굴에 약간 주근깨는 있었지만 하얀 저고리에 까만 치마, 굽 높은 신발을 신었다. 말하자면 인기 짱인 처녀 선생님이셨다. 최경애 선생님, 지금도 이름을 잊지 않고 있다.

2. 오줌싸개 사건

초등학교 1학년 때였다. 우리 집은 학교에서 가까운 곳에 3칸 겹집이었다. 우리 식구가 사용하고도 뒤쪽에 부엌 딸린 방 한 칸이 비어 있었다. 그 방을 자취방으로 내놓아 천사 같은 여선생님이 우리 집에 오시게 되었다. 이런 인연으로 선생님과 함께 등교하면서 학생들의 부러움의 대상이 되었다. 선생님 방을 드나들며 잔심부름을 하면서 선생님의 귀여움을 독차지했다.

어느 날 내 자존심이 무너지는 불행한 사건이 있었다. 잠자리에서 이부자리에 오줌을 싼 것이었다. 이 일을 어찌할꼬. 나는 궁여지책으로 어머니가 아침 짓는 부엌에서 조심스럽게 옷을 말리고 있었는데 어머니가 눈치를 챘다. 긴장하고 있는데 어머니께서는 내 머리에 키(챙이)를 뒤집어씌우고 손에 바가지 하나를 들려주시더니 선생님한테 가서 소금을 얻어오라고 하셨다. 그것이 무슨 뜻인지도 모르고 어머니가 시키는 대로 소금을 얻으러 갔다. 선생님은 잠깐 머뭇거리더니 부지깽이로 챙이를 두들기며 "어젯밤 오줌 쌌구나."하시면서 나를 놀리셨다. 선생님은 귀신인가, 내가 오줌 싼 것을 어떻게 알았단 말인가, 정말 창피해서 미칠 지경이었다.

자존심이 무너지자 어머니도 여선생님도 미웠다. 더 불안한 것은 선생님이 학교에 가서 이 사실을 학생들에게 소문내면 나는 오줌싸개 왕따를 당할까 봐 종일 초조와 긴장의 연속이었다. 그런데 그날 학교에서는 아무런 일이 없었다. 하지만 이 일이 내 생애 첫 번째 자존심이 무너지는 사건이었다. 사실은 그 후로는 그런 일이 없었지만 생각해보면 지금 내가 고생하고 있는 과민성 방광과 무관하지 않은 것 같아 보인다.

아! 옛날이여! 오줌싸개 자존심.

3. 여학생표 공략

5학년이 되면서부터 외모와 옷차림에 관심이 갔다. 한 반에 남자 45명 여자 10명 정도였다. 나와 같은 반에 새로 이사온 외사촌 누이가 있었다. 나보다 한 살 위로 우리는 같은 집에서 살았기 때문에 학교에도 함께 다니며 아주 친하게 지냈다. 누이는 사교성이 있어서 우리 반 여학생들을 확실히 잡고 있었다. 나도 나름대로 우리 반 남자들에게는 인기가 있었다. 자랑 같지만 나는 5~6학년 2년 동안 연속으로 반장을 했다.

우리 반에는 교장 선생님 아들과 지서장(면단위 지구대장) 아들이 있었다. 우리 반에서 공부를 제일 잘하는 아이는 집안환경이 여의치 않아 결석을 자주했기 때문에 신뢰가 없었다.

학기 초 반장선거 때가 되면 4명이 주도권 다툼을 벌였다. 분위기를 보면 교장 선생님의 아들은 담임선생님의 후원이 있었고, 지서장 아들은 어머니가 학교에 들락거리는 치맛바람이 있었다. 나는 경제적인 뒷받침과 외사촌 누이가 쥐고 있는 여학생들의 몰표가 있었다.

말하자면 여성표의 몰표로 2년 연속 반장을 하게 된 것이다. 이때부터 나는 여자들에게는 흑기사 노릇을 하며 여자애들 고무줄놀이에 방해하는 놈들에게는 한 방씩 날려주었다. 몇 년 전 동창회 때 이런 이야기를 나누며 여자 동창들에게 고마움을 표시한 적도 있었다. 여자 동창들아, 나 보고 싶으면 동창회에 많이 나와 줘라.

4. 잊지 못할 초등학교 졸업식

나는 학급에서 공부는 상위권에 속했고 좋아하는 과목은 국어와 사회였다. 산수는 싫었다. 지금도 숫자에는 어둔하다. 내 자랑 같아서 좀 쑥스런 일이지만 졸업식 때는 졸업생에게 최고의 상인 교육장상을 받았다. 그리고 개근상은 6년 내리 받았다. 상품으로 받은 한문사전은 지금도 기념으로 간직하고 있다. 졸업식 대표로 답사까지 하는 영광을 가졌다. 졸업식 때 내 바로 위 형이 꽃다발 선물도 해주었다. 그때로선 파격적인 선물이요, 부러움의 대상이었다. 고마워요 둘째 형님.

초등졸업식 때 위 형의 꽃다발 선물

나는 동창회 모임이 있으면 6학년 때 반장 책임으로 꼭 참석하였다. 지금은 세월이 흘렀고 건강도 좋지 않아 가끔 빠질 때가 있어서 미안할 뿐이다.

5. 좋아했던 고향 친구

좋아하는 친구는 한 사람 있었다. 친구는 등교 거리가 멀어서 학교에 결석도 자주했지만 성적도 좋았고 성격이 나와 비슷하였다. 내가 동창회에 가는 것은 그 친구가 보고 싶어서이다. 내가 발간한 시집에 그를 위해 한 줄 써놓은 것이 있어서 여기에 올려본다.

고향 친구 하나 있음을

친구
철이 나면서 즐겨 부르던 말
같은 또래 같은 생각
나 어릴 때 이런 친구 있어
좋은 형제 하나 만남이라
마음 착하고 욕심 없으니
나 이것이 같음이라
나 친구 하나 있으니
고향같이 내 맘에 있는 사람
말은 없지만 진실해서 좋고
가난하지만 마음이 풍요로운 자
고향 같은 친구
잊지 않고 있지요

그리고
사랑하고 있지요.

— (시집 『하루를 살아도』에서)

6. 우물 안 개구리 세상구경

나는 시골 면소재지에 살면서 바깥세상으로 나서본 적이 거의 없었다. 수학여행을 떠나던 첫날 남원이라는 곳에서 기차를 처음 보는 순간 신기한 괴물을 보는 것 같았다. 집채만 한 화통에서 하얀 연기를 뿜을 때마다 뻭뻭 소리가 났다. 우리 학교보다 더 큰 철가방 통을 끌고 칙칙폭폭 칙칙폭폭 철길을 미끄러지듯 잘도 달렸다. 동요에 나오는 기찻길 옆 오막살이처럼 말이다.

여수에 도착하자 또 한 번 놀랐다. 세상에 어디서 저렇게 많은 물이 쏟아져 모였을까? 하늘과 바다가 맞닿은 수평선도, 철썩철썩 하얀 물거품을 내며 파도치는 모습도 모두 처음 보았다.

아! 이것이 바다라는 곳이로구나. 우물 안 개구리가 세상구경을 처음 하는 순간이었다. 오동도 섬이 콘크리트길로 이어진 것도 신기했다. 모두가 신기한 것뿐이었다. 바다 한가운데 우리 학교보다 더 큰 물건이 떠 있는데 저것은 무슨 괴물이란 것인가? 지금 생각해보니 유조선이었다.

다음날은 어시장 구경을 갔는데 육지에서는 듣지도 보지도 못한 각종 해산물들을 보며 또 한 번 놀랐다. 집에서 먹어본 바닷고기로는 간고등어와 갈치 멸치 그리고 명태뿐이었는데 이곳은 딴 세상이었다. 세상에 태어나 수학여행은 제대로 했다. 가끔씩 그 시절 추억으로 되돌아가고 싶을 때가 있다. 나는 마지막 또 한 번의 수학여행을 해야 할 곳이 남아 있다. 하늘나라에 가면 내가 살던 또 다른 세상에서 제 2의 놀라운 수학여행을 체험해야 할 것이기 때문이다. 그때에 글을 쓴다면「세상 안 개구리 하늘나라 이야기」라고 제목을 붙일까?

7. 남원성당 관할 공소였던 우리 집

우리 집은 남원성당 관할 공소였다. 그렇기 때문에 판공이라고 해서 봄과 가을에 신부님이 한 번씩 들러서 낮에는 고백성사, 밤에는 찰고를 받고 주무시고, 아침미사를 하고 떠나셨다. 공소에서는 교무금을 내야 하는데 모두가 형편이 어려워 낼 수가 없었다. 아버지께서는 대신 내주고 가져오면 받고 아니면 그냥 넘어가셨다. 그래서 우리 공소가 본당에서 제일 먼저 교무금을 납부했다고 신부님이 칭찬하셨다.

고인이 되셨지만 김재덕(아오스딩) 주교님이 남원본당에 계실 때였다. 키도 크고 목소리도 우렁차서 모두가 주교님의 강론에 귀를 떼지 못했다. 주교님이 가시고 나면 내 바로 밑 아우와 외사촌 동생과 나는 어머니 치마와 담요를 둘러쓰고 사랑채에서 미사놀이를 했던 기억이 난다.

결국 외사촌 동생 이상일(시몬)은 예수회 신부가 되어 서강대학교 총장까지 했고, 나는 교구신부로 40년간 사목하다가 지금은 은퇴하여 살고 있다. 내 아래 동생이 신앙생활에는 소홀히하여 아쉬움이 남는다. 언젠가는 열심한 성가정으로 돌아오기를 기원해본다. 주여, 우리 가정에 자비를 베풀어 주소서.

아! 옛날이여 지금도 시골 공소에 이런 꿈들이 있는지 모르겠다.

8. 다정했던 형제들

내가 초등학교 다닐 때 장형은 전주공고에 다녔다. 당시로서는 고급 옷인 비로도 잠바를 입고 모자를 삐딱하게 쓰고 있는 모습이 나에게는 멋쟁이로만 보였다. 방학 때 축음기를 사가지고 왔다. 그 속에서 노랫소리가 나오는데 신기했다. 우리 집 형제들은 당시 유행하던 여러 가지 노래를 들었다. 장형은 당시 유행하던 「비 내리는 호남선」 이란 노래를 연습해서 동네 노래자랑에 나가기도 했다. 멋쟁이 장형의 연애편지를 이웃집 아가씨에게 배달사고 없이 전해준 일도 있었다. 나는 그때나 지금이나 쫑그랭이임에는 분명하다.

여름이면 형들을 따라다니며 냇가에서 배터리 충전기로 고기를 잡았다. 한번은 고기약을 풀어 지서에 불려간 일도 있었다. 우리 형들은 좀 유별난 데가 있어서 언제 무슨 일이 벌어질지 모르는 지뢰밭이었다. 내 바로 위 형은 나와 네 살 차이지만 유난히 나와 다툼이 많았으나 동생들 하고 다툰 기억은 없다. 지금은 모두 잘 살고 있다.

초원 위의 성모

어머니(이안나) 단풍놀이

어머니와 함께 설 명절에

제3장

세상에서 가장 친근한 말, 어머니

1. 별명 쫑그랭이

나는 어머니와 함께 있는 것이 좋아서 언제나 강아지처럼 치마폭을 잡고 졸졸 따라다니며 어머니의 부엌일을 많이 도와드렸다. 부엌을 드나들며 아궁이에 갈퀴나무를 부지깽이로 밀어 넣어주는 일이 재미있었다. 불을 지필 때는 얼굴이 홍당무처럼 벌겋게 익어갔다. 그런 보상으로 누룽지는 항상 내 차지가 많았다.

나는 5남매 중 셋째로 태어났다. 나무토막으로 치면 가운데 토막인 셈이다. 좀 미안한 말이지만 내 위로 두 형제는 사춘기를 유별나게 지내보면서 부모님 마음고생을 많이 시켜드렸다. 내 밑 동생들은 너무 어려 잔심부름 도움을 할 수 없었다. 그러다 보니 중간에 끼여 있는 내가 어머니 잔심부름을 도맡았다. 어머니는 심부름시킬 일만 생기면 내 이름을 제일 먼저 부르셨다. 나는 어머님의 잔심부름에 한 번도 거역하거나 잔꾀를 부려 본 적이 없다. 어머니는 이런 나를 보고 우리 집 쫑그랭이라고 불러 주셨다. 쫑그랭이가 나의 첫 번째 별명이다. 전라도 말로 곁에 두고 언제나 편리하게 부린다는 뜻이다.

봄이 되면 어머니와 씨앗 봉지를 들고 텃밭을 들랑거리며 흙과 친해졌다. 진달래 피는 4월이면 산나물을 캐러가던 일, 한여름 밤 모깃불을 피워놓고 삼베 홑이불이 눅눅할 때까지 들려주시던 밤하늘의 별 이야기들, 10월이 되면 아궁이에 불을 지피고 겨울 이불을 준비하시던 일, 설날 대목이 되면 새 고무신과 옷가지들을 장만하러 가던 시장 길이 생각난다.

가을에는 메주콩 삶을 때 고소한 냄새가 좋았으나 겨울에 메주 뜨는 냄새는 싫었다. 봄이 되면 뒤뜰에서 장 담그는 일도 도와드렸다.

지금 이 나이가 되어 생각해 보아도 나는 어머니에게 순종하는 아이였다. 이렇게 어머니와 함께한 시간이 많다 보니 어머니의 사랑도 많이 받았다. 지금 어머니는 떠나가고 나 홀로 남아 있으니 쫑그랭이 시절이 그립다. 어머니 사랑을 듬뿍 받고 자라 불행을 몰랐던 어린 시절이 감사할 뿐이다.

2006년 요셉동산 양로원 원목 신부로 있으면서 「하늘 아래 그 누가」 라는 사모곡을 출간했다. 그 내용을 다 옮기지 못함을 아쉽게 생각하면서 책 서문에 적은 글을 옮긴다.

사모곡

어머니!
잉태하면서부터 죽을 때까지
내 생명의 고향 삶의 요람
그 이름 가실 길이 없습니다.

기나긴 밤 지새우며
기도하신 그 모습
새벽잠 덜어내어 밥 짓는 어머니
당신 생각하면 동화 같은 추억들

어머니!
당신은
나에게 가장 큰 행복이었습니다.
어머니! 하고
불러만 보아도 눈시울이 뜨거운 것은
하늘이 준 모성의 샘물이던가요?

보고 싶은 어머니
하늘 땅만큼 사랑했던 어머니
죽으면 잊을까…
– (사모곡 『하늘 아래 그 누가』 중에서)

2. 어머니를 위한 간절한 기도

어머니는 수술을 세 번씩이나 하는 아픔을 겪었다. 내가 초등학교 다닐 때쯤 어머니는 30대 후반에 자궁근종으로 전주예수병원에서 수술을 받으셨다. 나는 어머니가 병원에 입원한 날부터 어린 두 동생들을 데리고 십자가 아래서 열심히 기도를 올렸다. 누가 시킨 것도 아니었지만 그때 생각으로는 그 일만이 내가 할 수 있는 최선이라고 생각했다. 만약 어머니가 집에 오시지 못하면 우리는 죽는 것이나 마찬가지라고 생각했기 때문이다.

우리 집은 공소 집이었다. 사순절 때는 주일 공소예절을 마치고 십자가 아래서 십자가 길을 바치곤 했다. 어머니가 위급한 상황에 처하자 어린 생각이었지만 십자가의 길을 바치고 성모님께 묵주기도를 바치면 하느님께서 어머니를 꼭 살려주시리라고 믿었다. 지금 생각해 봐도 참으로 순진하고 깨끗한 기도였다.

다행히 어머니께서는 일주일 후에 완쾌되어 집에 돌아오셨다. 썰렁했던 집 안은 생기를 되찾았다. 우리 형제들은 소나기 지난 뒤 무지개가 뜨듯이 어머니의 사랑 속에 가정의 평화를 다시 얻게 되었다. 예수님께서 어린이 하나를 품에 안으시고 하늘나라는 이 어린이 같이 되지 않으면 들어갈 수 없다는 말씀이 실감나는 순간이었다.

성서에 보면 예수님을 만난 사람은 모두 치유의 은혜를 입었다. 나는 지금도 그때의 나의 기도를 기억한다. 그리고 믿고 있다. 우리 형제의 기도를 들어 주신 하느님의 자비에 감사를 드리고 있다. 주님, 찬미와 영광을 받으소서, 아멘.

3. 무릎 스승이셨던 어머니 단골 메뉴

나 어릴 때
우리 혈육 5남매
어머니 무릎 안에 있을 때 들려주신 말씀들

먹을 것 다투면
콩 한 조각 3형제 나눠 먹는다는 말
귀에 못이 박힐 만큼 듣고 자랐지요.

형제와 싸우면
사람은 못할 일 짐승이나 하는 일
형제간 우애가 가장 큰 복이라 하셨지요.

나 철부지 때
게으름 피우면 배짱이 우화로
일하지 않으면 먹지도 말라고 하셨고요.

하던 일 포기하면
토끼와 거북이 우화로
성실한 인내심을 깨우쳐 주셨지요.

나 철들기 전
심통을 부리면
콩쥐 팥쥐 이야기로
시기심을 꾸중하셨고요.

욕심을 부리면
흥부 놀부 이야기로
놀부를 꾸짖으셨습니다.

세월 가 생각해 보니
어머니는
나의 첫 번째 무릎 스승이셨습니다.
감사합니다.

— (사모곡 『하늘 아래 그 누구』 중에서)

4. 어머니의 재봉틀

어머니는 당시 여인들이 부러워하는 재봉틀을 구입해서 우리들 5남매 옷을 손수 만들어 주셨다. 그리고 해진 옷을 꼼꼼하게 기워 주셨다. 어머니 버선이나 집안 허드레 옷은 직접 수선해서 챙겨주셨다. 미국에서 온 구호물자가 천주교를 통해서 배급되었는데 미군 담요는 고급 물품이었다. 어머니는 담요를 가지고 내 양복을 직접 만들어 주셨다. 겨울 추위를 나는 데는 그만한 게 없었다.

자투리 천으로는 밥상 덮개를 만드셨다. 방안 옷걸이장도 직접 만들어 살림을 알뜰히 챙기셨다. 지금도 밤늦게 재봉틀 소리가 들리는 듯하다.

5. 어머니의 지혜

내가 중학생 때 맏형이 결혼을 했습니다.

형수가 들어오고부터는 어머니는 집안일을 며느리에게 맡기고 여유로운 생활을 할 수가 있었습니다.

얼마 지나 첫 조카가 생겨서 집안에 기쁨이 넘쳤습니다. 오랜만에 어린아이 울음소리를 들을 수 있었고 저녁식사가 끝나면 그 놈의 재롱을 보느라 큰 방에는 웃음꽃이 활짝 피었습니다.

몇 년 지나 둘째 형도 결혼을 해서 형수를 보게 되었습니다.

잠시 동안이었지만 어머니는 한 지붕 밑에서 두 며느리를 거느리고 사셨습니다. 다행히 형수들끼리 사이좋게 지내셨고 형들도 행복한 생활이었습니다.

그동안 집안에 절대적으로 남성 숫자가 우세했는데 두 형수가 들어옴으로써 성비가 균형을 이룬 것입니다.

이렇게 우리 가정은 남들이 부러워할 정도로 행복한 가정이었습니다.

여기에는 절대적인 어머니의 역할이 있었다고 생각됩니다.

왼쪽으로부터 큰형수, 둘째 형수, 제수

지금 생각해보면 어머니께서는 형들이 잘못했을 때는 가끔 꾸중을 했지만 며느리들한테 소리친 것을 한 번도 본 적이 없었습니다.

언젠가 한 번은 제가 어머니에게 넌지시 물어본 적이 있었지요.

어머니 혹시 며느리들이 섭섭하게 한 적은 없습니까?

어머니는 빙그레 웃으시며 내 자식도 마음에 안 들 때가 있는데 남의 자식 그만하면 되지 않았느냐고 하시며 웃음으로 내 말을 막아버렸습니다.

사실은 내가 보아도 우리 집에 들어온 여자들은 마음씨가 고운 사람들입니다.

그러나 어머니 입장에서 보면 며느리들의 허물이 없었겠습니까마는 어머니는 자식을 탓했을 뿐이지 며느리에 대해서는 관대한 마음을 가지고 계셨습니다.

언젠가는 이런 말씀을 하신 기억이 납니다.

며느리는 내 자식이 부모에게 한 만큼 하는 것이니 자식이 부모에게 효도하면 며느리는 자동적으로 따라 오는 법이라고 하시면서 자식의 허물을 크게 보시고 며느리의 허물은 작게 보신 것입니다.

지금 생각해 보면 우리 어머니는 도량이 넓으신 여장부였다고 생각됩니다.

6. 어머니 고무신발

나는 어릴 때
밖에서 돌아오면
제일 먼저 뜰방에 어머니 고무신을 봅니다
문을 열자마자 어머니와 눈이 마주쳐야
행복했습니다.

지금은 뜰방에 고무신도 없습니다.
마주칠 눈도 없습니다.
나는 집을 지으면 나지막한 뜰방에
흰 고무신 한 켤레를 놓아 둘 겁니다.
밖에 나갔다가 돌아올 땐 어머니 하며
고무신을 볼 수 있도록…….

중학교 졸업

신비디움

번암면 남원 중·고등생 모임(광한루원)

단짝친구 졸업을 마치고

친구와 우리 집 정원에서

제4장

기쁨이 충만했던 중학교 시절

1. 남원 유학

세상에 태어나 처음으로 부모를 떠나 타향으로 유학을 하게 되었다. 좀 두려웠지만 새로운 세상을 접해보는 호기심에 적응하는 데는 무리가 없었다.

번암에서 24㎞쯤 떨어진 남원중학교에 입학하였다. 왜 남원중학교를 선택했는지는 잘 모르겠다. 남원에는 인문학교로 남원중고등학교가 있었고, 용성중고등학교는 농업계 학교였다. 부모님께서 상급학교를 염두에 두어 그리하신 것으로 생각된다. 1학년은 2반이었는데 나는 1반에 배정되었다. 입학하고 처음 만난 얼굴들이라 교우관계가 서먹했지만 얼마 지나지 않아서 서로 좋은 친구가 되었다.

영어를 배운다는 것이 초등학교와 다를 뿐이었다. 초등학교 때는 담임선생님 한 분이 모든 과목을 가르쳤는데 중학교는 과목마다 선생님이 다르기 때문에 선생님들을 익히는 데 약간은 혼란이 왔다.

나는 담임선생님에게 신임을 얻어 학급 반장을 하였다. 공부를 잘 해서가 아니라 아마도 초등학교 경력을 인정을 받아 그리된 것 같다. 중학교 때도 3년 개근상을 받은 것만은 자랑하고 싶다.

다음 해 2학년으로 올라가면서 담임선생님이 바뀌고 나보다 공부도 잘한 친구에게 반장은 놓치고 말았다. 하지만 3학년으로 올라가서는 다시 반장을 맡았다. 이때에 선생님 신임만 믿고 학생들에게 못 되게 굴은 적도 있었다. 철없던 시절 객기였다. 반 학생 일부가 무리를 지어 나에게 노골적으로 반항하는 시위가 있었다. 두려웠던 생각도 떠오르면서 못되게 굴었던 나 자신을 반성해본다. 왕따라고 표현해야할지 모르겠다. 몇 년 전 동창회에서는 그 친구와 이전 일을 기억하지 않고 가장 친한 친구로 건배를 했다. 세월이 지나 모두 잊었는지도 모르지만 나는 지금도 그 일에 죄책감을 가지고 있다. 친구여, 미안하다. 그리고 반갑게 맞아준 너의 우정에 고맙다.

2. 친구 도시락 사건

좀 부끄러운 이야기이다. 반 친구 중에서 도시락에 치즈를 싸오는 부잣집 친구가 있었다. 식욕이 왕성할 때라 3시간 마칠 즈음

몰래 절반쯤 떼어내 훔쳐 먹던 기억이 생생하다. 그 친구는 그래도 아무 말 없이 그냥 넘어가 주곤 했다. 나도 그 범인 중 하나이다. 대부분 도시락 반찬은 멸치조림이었고, 치즈는 아무나 먹는 음식이 아니었다. 친구여, 이해해 주어서 고맙다. 계란말이를 싸온 친구의 도시락도 손을 댄 적이 있다. 그 친구는 성깔이 고약해서 담임선생님께 고해 바쳐서 곤욕을 치렀다. 그때는 먹어도 먹어도 왜 그렇게 허기가 졌는지 뱃속에 거지가 들었었나 보다.

3. 삼총사 서클 별무리

3학년 때 가장 친한 3총사가 있었다. 나와 진재석, 노광국이다. 나는 노광국이네 집에서 몇 달간 하숙을 했고, 진재석은 옆집에서 자취를 했다. 3학년 때 진재석은 학생회장을, 노광국은 규율부장을, 나는 대대장을 하였으니까 우리는 학교의 간부를 독차지 했으니 그야말로 실세였다. 졸업식 때 진

좌측부터 진재석, 노광국, 서석구

재석은 전체 수석을 하여 교육감상을, 노광국은 학교장상을, 나는 동문회장상을 받았다. 3총사가 상을 독차지하였다. 졸업식을 마치고 기념으로 시내 사진관에 가서 기념사진을 찍었다.

또 한 가지 소개하고 싶은 일이 있다. 3학년 중에서 공부깨나 하고 괜찮아 보이는 친구들 12명을 모아 별무리라는 서클을 만들었다. 학교에서는 대단한 파워를 가지고 있었다. 그렇다고 패거리로 놀거나 학교에 폐를 끼치는 그런 조직은 아니었다. 대부분 모범생들이었다.

시간이 나면 학교 옆 대복사라는 절에 자주 갔다. 광한루원은 우리들의 아지트로 자주 모이는 추억의 장소였다. 나는 짬짬이 금지되었던 극장도 출입했다. 탈선이 아니라 영화 팬이었다.

지금까지 서로의 주소록을 가지고 안부를 물으며 우정을 나누고 있다. 대소사 때 만나기도 한다. 가끔씩 친구들의 근황을 알려주는 고마운 친구도 있다. 고맙다. 이렇게 중학교 시절도 아름다운 추억만 기억나는 것을 보면 나는 행복한 사람이다.

4. 수학여행

이 글을 쓰면서 졸업사진을 찾아보았다. 수학여행 때 찍었던 빛바랜 흑백사진이라 함께 찍은 친구를 구분할 수 없을 정도다. 그러나 구경한 장소는 기억할 수 있다. 불국사, 석굴암, 첨성대, 왕릉,

박물관 등이 기억되지만 초등학교 때처럼 우물 안 개구리의 추억은 별로 없다. 함께 찍은 사진 몇 장을 기억하며 사진첩을 닫았다. 며칠 전 중학교 친구에게서 전화가 왔다. 안부전화였다. 앨범 사진첩을 안경 너머로 들여다보니 지금 내 모습은 너무 변해 있었다. 아! 옛날이여.

5. 하숙생활과 성당 이야기

중학교 입학하고 잠깐 동안은 농고에 다니는 동갑 삼촌과 고모님 댁에서 하숙을 했지만 대부분은 다른 집에서 하숙을 했다. 초등학교 때 제일 좋아했던 친구 배연효는 용성중학교에 다녔는데 잠시 지금의 쌍교동 성당 앞에서 함께 하숙하였다. 남원 시내에서 학교까지는 약 2킬로미터쯤으로 그다지 멀지 않은 거리였다.

주일에는 성당에 빠지지 않고 다녔다. 때에 따라서는 복사도 했다. 당시 쌍교동 성당 건축을 하게 되었는데 요촌 강변에서 자갈을 주운 일이 생각난다. 지금은 고인이 되셨지만 호랑이 신부라고 소문난 박성운(분도) 신부님이 남원성당을 건축할 때였다.

중학교 졸업 친구들과의 그룹사진도 성당에서 찍었다. 나는 사춘기 시절 별다른 사고나 아픈 기억 없이 잘 보낼 수 있었다. 모두가 종교생활을 했기 때문이라고 믿는다.

나는 초등학교 때는 선생님이 되는 것이 꿈이었는데 중학교 때는 별다른 꿈이 없었던 것 같다. 부디 말해보라면 아버지가 하시는 사업을 하고 싶었던 생각이 난다. 당시 돈을 제일 많이 버는 부잣집이란 말이 듣기 좋았기 때문이다. 그러나 지금은 아니다.

6. 열등의식을 가졌던 사춘기

나는 중학교부터 성장판이 멈춘 것 같다. 지금 나의 키는 150cm이다. 중학교 때는 중간쯤이었다. 그때부터 신장의 열세로 고민했다. 반장에다 3학년 때는 대대장까지 했는데 앞에 서면 내 자신이 왜소해 보이는 느낌이 들었다. 그래서 작은 키를 만회해 보려고 집에서 아령이나 곤봉체조도 하고 산에 올라 목소리를 키우기 위해 구령 연습도 했다. 자기관리를 위한 노력이었다.

다행히도 하숙집 앞에 태권도장이 생겨 태권도를 배웠다. 1년간 열심히 다녀서 실력도 쌓았고 누구와 겨뤄도 두렵지 않은 자신감을 가지고 열등의식을 잘 극복했다. 당시에 나보다 덩치도 크고 힘깨나 써 보이는 놈 앞에서도 태권도 실력으로 제압했다.

처음으로 자전거도 배웠다. 우리 반 중에 자전거를 타고 학교에 오는 학생이 있었는데 다행히 나와 단짝이어서 방과 후 학교에서 자전거 타는 법을 배워 함께 타고 다녔던 기억이 생생하다. 자전거 태워주는 보상으로 가끔 친구와 짜장면집을 들락거렸다.

내가 3학년 때 아우가 같은 학교에 입학했다. 아우도 나를 따라 태권도장에 다니면서 체력을 단련해서 전국체육대회 중등부 우승을 했다. 3학년 때는 대대장을 했으며 우승 경력으로 전주고등학교 체육 특기생으로 입학했다.

7. 남원 땅 사랑 이야기

지금도 타향에 가서 이야기하다 보면 남원 사람이냐고 묻곤 한다. 내 말투가 남원 사람들 말투로 들리나 보다. 남원은 내가 고향을 떠나 첫 번째로 유학한 곳이라 정이 많이 남아 있다. 남원하면 이도령과 성춘향 사랑 이야기를 빼놓을 수 없다. 나에게 사랑의 롤 모델이었다. 지금도 변함없지만.

친절했던 하숙집 언니와 아줌마가 생각난다. 특별히 옆방에 기거하던 하숙생 형의 로맨틱한 한 장면이 떠오른다.

하숙생 형

어느 날 노을이 붉게 탈 때, 대학생 형은 하숙집 마루 난간에 걸터앉아 구성진 목소리로 시를 낭독하곤 했다.

하숙집 건넛방엔 주인집 딸이 있었지요. 단발머리 고등학교 졸업반이었을 것이다.

내가 좋아하는 계란형 얼굴을 가진 얌전한 소녀

대학생 형은 그쪽을 가끔씩 훔쳐보며 더 큰소리로 읊어댔다.
"나 보기가 역겨워 가실 때에는…." "못 잊어 생각이 나겠지요…."
그 형의 모습에 홀딱 반해 젊었을 때 흉내를 내보기도 했다.
나 그때 철이 없어 대학생 형의 사랑의 메시지가 무엇인지도 모르고
건넌방에서 무슨 일이 있는지도 모르면서 그 형의 목소리만 들려온다.
나 지금 그때의 대학생 형을 생각하며 창문을 열고 구성지게 외쳐 보지만
들어주는 사람은 하나도 없다. 때가 너무 늦었나 보다.
오늘 문득 남원골 하숙집 식구들이 생각난다.
나도 「TV는 사랑을 싣고」에서 사람을 찾아볼까?
보고 싶다. 춘향골 식구들.

– (시집 『세월이 지나간 자리』 중에서)

8. 당시의 정치 상황

당시 정치권에 큰 사건이 있었다. 자유당 정권의 3·15 부정선거로 중학생까지 데모에 참여했다. 마산상고에 다니는 김준열 학생이 데모하다가 마산 앞바다에 시신으로 발견되면서 전국적으로 시위가 격렬해졌다. 당시 천주교 신자는 대부분이 야당이었다. 장면 박사가 천주교 신자로 정계에 있었기 때문이다. 선거 때 우리

집은 감시를 받았다. 그때 선거구호가 생각난다.

야당인 민주당은 '못살겠다 갈아보자', 여당인 자유당은 '구관이 명관이다' 로 맞서 선거 때면 확성기 소리가 요란했다. 나는 마음속으로 야당을 지지하였다. 여당 대통령 후보에 이승만, 부통령에 이기붕이었고, 야당 대통령 후보에 신익희, 부통령 후보에 장면이었다. 신익희 선생은 1956년 5월 5일 호남유세차 호남선 열차에서 심장마비로 향년 63세로 서거했다. 신익희 선생의 서거를 아쉬워하며 눈물의 가요가 된 「비 내리는 호남선」은 국민 애창가요가 되었다. 야당에서는 대통령 후보가 없는 대선을 치렀다. 선거 결과 대통령에 이승만 박사가, 부통령에 장면 박사가 당선되었다.

1960년 대선 때도 조병옥 박사가 민주당 후보였는데 선거 한 달 전 갑자기 사망하여 이승만이 단독으로 대통령에 당선되었다. 자유당 정권 시절 3 · 15 부정선거로 전국 학생들이 총궐기하여 4 · 19 학생혁명이 일어나면서 이승만 대통령이 하야하고 야당이 정권을 잡았다. 이때 헌법 개정으로 총리내각제가 실시되어 대통령에는 윤보선, 국무총리에는 장면 박사가 당선되었다. 모든 국정이 국무총리 책임제가 되었다. 그러나 불행하게도 1년이 지나기도 전 1961년 5 · 16 박정희 군사쿠데타로 이 나라는 자유를 꽃피워 보지도 못하고 군사독재의 어두운 터널로 들어가게 되었다.

중학교 시절을 되돌아보면 사춘기로 넘어가는 시기에 별다른 갈등 없이 지낸 것 같다. 당시 정치는 혼란했고 사회는 어지러웠지만 나는 그런 것에는 큰 영향을 받지 않았다. 학교와 성당 그리고 친구들과의 친교가 나의 중학교 시절을 바로 잡아주었다고 생각된다. 청춘의 시작인 중등 시절 별다른 사고 없이 넘길 수 있도록 도와주신 사랑하는 가정과 하느님께 감사드릴 뿐이다. 부족함 없이 행복이 충만했던 그 시절에 대한 추억으로 지금 잘 살고 있다고 해도 과언이 아니다.

수련

고등학교 3학년 때

계심사 송림

친구들과 다가공원에서(앞줄 왼쪽이 저자)

제5장

의기소침했던 고등학교 시절

1. 내 인생의 첫 번째 실패

지금은 입시문제로 초등학교부터 경쟁사회로 변질되었지만 그때만 해도 그렇지는 않았다. 지방에는 학원도 없었고 학교에서 과외도 없었다. 학교수업으로 만족했었다.

중학교 3학년 때 고등학교 입학원서를 쓰는 조건이 좀 까다로웠다. 지방에서 전주고등학교에 가기 위해서는 우등생 정도가 되어야 원서를 써주었다. 남원중학교에서 6명이 시험을 보았는데 4명은 합격하고 2명은 떨어졌다. 그 탈락자 중 한 명이 나이다. 합격발표 게시판에 내 이름이 없었다. 함께 간 친구들의 위로가 있었지만 나는 자리를 피했다. 자존심은 좀 상했으나 패배감으로 크게 상심한 기억은 나지 않는다. 아직 철이 없었던지, 아니면 좀 모자랐었는지 모르겠다. 내 생애에서 처음 실패였는데 왜 그렇게 담담

한 심정이었을까? 담담하게 받아들일 수 있었던 것은 순진함이라 해야 할까?

2. 호기심으로 입학하게 된 고등학교

첫 번째 시험에 실패하고 망설이다가 후기 2차인 전주상고 입학시험에 응시했다. 집에서는 삼촌들도 다 금융계에 있으니 상고를 나와 취직하는 것이 어떻겠느냐는 권유에 상고에 입학원서를 내고 합격을 했다. 합격통지서를 받고 보니 마음에 여유가 생겨 전주 시내를 구경하고 싶은 호기심에 택시를 타고 지금의 다가공원에 갔다.

다가공원에서 내려다보이는 전주 시내는 남원 촌놈인 나에게 엄청나게 크게 보였다. 처음 눈에 들어온 것은 지금의 성심중고등학교의 빨간 벽돌집이 인상적이었다. 둘러보니 숲이 우거진 바로 옆에 예수병원, 그 밑에는 신흥중고등학교와 바로 위에 기전여학교의 빨간 벽돌집이 그림같이 아름다웠다. 빨간 벽돌집을 처음 보았기 때문이다.

호기심으로 신흥학교를 둘러보고 있는데 저쪽에서 풍채가 좋으신 분이 나를 보고 어찌 이곳에 왔느냐고 물었다. 나는 순진한 마음으로 상고 합격통지서를 보이면서 시간이 있어서 이곳에 구경왔노라고 아무 생각 없이 말했다. 학교가 너무 아름다워 이런 학교에 다니고 싶다고 솔직하게 말했다.

그분께서 중학교에 가서 입학원서와 성적증명서를 함께 가져오라고 말씀하셨다. 나는 그날 중학교에 가서 입학원서와 성적증명서를 가지고 그다음 날 올라와 그 선생님을 찾았다. 성적표를 보고 무시험으로 입학을 시켜주셨다. 알고 보니 그분은 장평화 교장 선생님이셨다. 이렇게 되어 나는 개신교 미션학교인 신흥고등학교에 다니게 되었다.

학급은 2학급이었는데 교장 선생님의 특채로 나는 1반에 배정받았다. 남원중학교를 같이 졸업한 학생도 3명이나 다녔다. 자존심 상한 일이지만 중학교에서 대장놀이하다 이곳에 오니 그것이 통할 리가 없었다. 조회 때 운동장에 모이면 우리 반에서 내가 맨 앞에서 1번 아니면 2번이었다. 나보다 등치도 크고 잘 나가는 놈들 때문에 요샛말로 스트레스를 좀 받았다. 나중에는 그들과 교우관계가 원만했지만 촌놈이 도시에 와보니 밀리는 게 한두 가지가 아니었다. 하지만 별다른 사고 없이 잘 적응하며 학창 시절을 지냈다.

나는 천주교 신자인데 아침마다 예배시간이 있어 불편했다. 일주일에 목사님 교리시간이 1시간씩 있었지만 잘 적응하고 3년을 무사히 지냈다. 되돌아보니 이런 시간도 나의 성소의 길에 보탬이 되지 않았나 생각된다.

3. 술을 즐겨했던 하숙생활

나의 놀이무대는 주로 다가공원이었다. 하숙도 주로 다가동에서 했는데 지금의 관광호텔 근처와 전주에서 유명한 은행여관이 있었던 곳이다. 당시 다가교와 완산교 밑에는 넝마주이들이 많이 살고 있었다. 그때는 그들이 낯설고 무섭게 느껴졌다.

여름밤에 완산교 밑에서는 목욕을 했다. 그런데 신기하게도 가끔씩 여자들 목소리도 들렸다. 밤에 빨래를 하러 온 것은 아닐 텐데….

주로 학년에서 나이가 많은 나와 같은 또래와 친했다. 하숙집을 옮길 때는 친구들이 손수레(리어카)로 함께 도와주고 저녁에는 막걸리 파티도 했다. 학생 신분으로 좀 심한 행동이었지만 사고를 칠 정도는 아니었다. 모두가 학급에서는 모범생이었다.

나는 술은 좀 일찍 배웠다. 우리 집이 양조장이었기 때문에 초등학교 때부터 술을 입에 대기 시작했다. 술이 익을 때 나는 달콤한 냄새는 향기에 가깝다. 나는 이런 유혹을 이기지 못해 나보다 키가 큰 술독 주위를 맴돌았다. 기발한 생각을 하고 내 아랫동생과 합작하여 일을 저지르곤 했다. 동생을 엎드리게 하고 내가 등을 밟고 올라가 바가지로 퍼내 조금씩 먹는 재미가 쏠쏠했다. 부끄러운 이야기지만 달콤한 술에 취해 몇 시간이고 골방에서 잠을 자기도 했다. 그러나 지금까지 주사로 남에게 불편함을 준 일은 없다. 이 때부터 술맛을 알았으니 좀 특별한 경우라고 볼 수 있지 않은가?

담배는 아직까지 입에 댄 적이 없다.

나는 하숙집만은 좀 까다롭게 고르는 편이었다. 지금도 그렇지만 조용한 것이 첫째였다. 음식은 소탈했지만 룸메이트도 조용한 사람을 골랐다.(그때는 한 방에 2명)

경제적으로는 좀 여유가 있었다. 아버지에게는 정식 청구액을 수령했고, 어머니에게 따로 챙긴 액수도 만만치 않았다.

4. 소리에 민감한 히스테리

고등학교 때 조용히 지낸 편이었다. 여름방학에는 암자에서 보낸 일이 많았다. 어머님께서는 중이 되려고 암자에 가느냐고 말씀하셨다. 지금도 마찬가지지만 조용한 것을 좋아하고 산수를 가까이 하면 마음이 편했다. 말하자면 소리에 예민했다. 여행을 가면 잠자리가 상당히 예민하다. 지금도 조용한 시골이나 산사의 풍경 소리가 좋다.

그런데 나는 서양 중이 되고 말았다. 세상은 조용한 곳보다 시끄러운 곳이 많아 내가 있을 곳이 좁아졌다. 지금 내가 있는 곳도 시끄러움을 피해 왔지만 만족하지 못하고 있다. 조용한 곳은 무덤 속뿐이겠지.

친한 친구가 많았던 것도 아닌 걸 보면 사교적인 성격이 아닌 것은 분명하다. 학교 다닐 때 하숙집 옆에 있는 탁구장이나 극장에는 자주 갔다. 경제적으로 여유가 있는 친구들과는 지금의 남문 근처에 제과점이나 음악 감상실을 자주 찾았다. 고등학교 때는 특별이 좋아하는 운동이나 특별활동은 없었다. 2학년 때 학교 서클에 참여했다가 교무실에 불려간 일은 한 번 있었지만 대체로 조용한 학생이었다. 지금 젊은이들이 연예인을 좋아하듯이 나도 전주에 연극단이나 쇼단이 오면 극장을 자주 찾았다. 친구 없이 혼자 다녔다. 학생금지영화도 제목이 마음에 들면 빠지지 않고 관람하는 좀 엉뚱한 학생이었다. 변명 같지만 탈선이 아니라 취미였다.

5. 성당과는 가까이

주일날 집에 가는 날 외에는 전동성당에는 빠지지 않고 잘 다녔다. 학생회 활동도 하며 치명자산을 오르내리면서 좋은 추억을 만들었다. 신부님이 검정 수단을 입고 성당 마당을 거닐며 묵주알을 굴리던 모습이 무척이나 멋있게 보였다. 미사 때 입은 제의와 전동성당 제대의 모습은 천상처럼 아름답고 거룩하게 보였다. 나도 저런 곳에 설 수 있을까? 신부가 되면 그렇게 되겠지 하면서 성직자의 꿈을 어렴풋이나마 동경했다. 물론 어려서 기초신앙은 가지고 있었지만 그 꿈이 성장하면서 현실로 가까이 다가온 듯했다.

이런 마음 때문인지 학생회도 빠지지 않고 잘 다녔다. 학생회에 열심이다 보니 여학생들과도 만나는 기회가 많아졌다. 좋아하는 여학생도 생겼다. 그러나 수줍어서 말도 한 번 건네지 못했지만 신부가 되고 나서도 그 추억을 잊지 못해 내가 출간한 시집에 그때를 회상하며 쓴 글이 있어 소개해본다.

그 집 앞

옛날이라 말할까?
추억 하나 고백하지

나 학창 시절
끌리는 한 소녀 앞에
말을 할까
편지를 보낼까

등굣길 멀치에서
망설임에 애만 탔지

한옥집 그 집 앞
몇 번이고 서성대다
말 한 번 못 붙이고
발길을 돌렸지

그 시절 다시 오면
대문이나 두들겨 볼 텐데

그 사람 지금
내 마음 전하면
무어라 대답할까

가을비가 내리면
그 집 앞이 보인다.

— (시집 『세월이 지나간 자리』 중에서)

고등학교 시절을 한마디로 표현하면 말이 없고 조용한 편이었다. 학교 성적도 좋은 편은 아니었고 사교적이지도 못한 좀 외로웠던 시기라고도 볼 수 있다. 어떤 면으로 보면 신장의 열등감도 있었다고 생각된다. 대신 종교생활에는 충실했고 대학 진학을 앞두고 학원에도 들락거려보고 인생고민도 했다. 조금은 어리숙한 전형적인 촌놈이었다고나 할까.

3학년 후기에는 학교에 결석을 자주했다. 수학여행도 가지 않고 졸업식에도 참석하지도 않았다. 좀 혼란스런 시기였다. 이때가 때늦은 나의 사춘기였던 것 같다. 무미건조한 기간이었다. 가정형편상 대학 진학의 길도 보이지 않았고 그렇다고 옆에서 진로를 안내해주는 사람도 없었다.

고등학교 시절은 내 자신을 남과 비교하며 열등의식과 자존심으로 마음이 상했던 시기였다. 당시 나는 특별한 꿈도 없었다. 무기력했던 학창 시절 작아져 보이는 자신을 감당하지 못하고 우물쭈물하다가 세월만 보낸 것이 아쉬움으로 남는다.

대둔산

청년 25세 때

장계성당 신학생 때 교리 교사들과 야외 캠핑

제6장

암울했던 청년 시절

1. 대학진학 시기를 놓쳐버리고 방황

고등학교를 졸업할 시기에 작은할머니와 양조장 상속문제로 집안에 급격한 변화가 왔다. 대학에 진학해야 하는데 나도 부모님들도 신경을 쓸 형편이 아니었다. 아버지는 본래 심약한 분이라 양조장 상속문제로 병을 얻어 입원까지 하는 어두운 분위기였다. 나도 어린 마음에 아버지가 그렇게 되고부터는 사업관계로 상처를 많이 받았다. 오랫동안 깊은 상처 속에 악몽까지 꾸는 아픔이 있었다. 철들고 이때부터 세상의 어려움을 처음으로 체험하게 된 것이다. 내가 누군가를 미워해 본 것도 이때가 처음이었다. 상대방은 말할 수 없지만 사업관계로 아버지를 아프게 한 사람이다. 지금은 모두가 이 세상 사람이 아니지만 나는 지금도 건강이 안 좋으면 꿈속에 그때의 상황들이 떠올라 잠을 설칠 때가 있다. 깊은 상처는

깊은 만큼 치유시간도 오래 걸리나 보다. 지금은 세월에 맡기고 더 이상 마음 쓰지 않으려고 애를 쓰면서 살고 있다.

솔직히 말해서 내가 의지만 있었다면 진학할 수도 있었는데 사업관계로 집안 눈치만 보다가 시기를 놓쳤다. 당시 우리 동네 친구들 중에는 대학에 진학한 친구가 없었다. 대학에 가야 한다는 자극도 없어 기회가 되면 취직하는 방향으로 분위기가 흘러갔다. 나도 이런 분위기 속에서 특별한 목적의식 없이 어울리다가 보니 2년이라는 세월을 집에서 지내고 말았다.

같은 동료들과 4H 운동에 가입해서 활동을 하기도 했지만 그것도 잠깐이었고 친구들과 어울려 다니는 데만 마음을 빼앗겼다. 부끄러운 이야기지만 생활에 중심을 잃고 술집 출입도 잦았고 부모님 마음을 아프게 한 일도 있었다. 겨울엔 이웃집 닭서리 하다가 혼쭐난 일도 있지만 아주 지능적인 방법을 동원했다. 친구 집만 골라서 닭서리를 하고 먹을 때에는 그 친구를 불러 같이 즐겼다. 이쯤 되면 그날 닭서리는 성공인 것이다. 그때 함께했던 친구들 이름을 대면 사회적으로 이름을 알 만한 사람들도 있다. 아! 옛날이여….

2. 숨기고 싶은 일

학교를 졸업한 그해에 군 입대 신체검사를 받았는데 신장 미달로 면제판정을 받았다. 그래서 친구들끼리 군대 이야기만 나오면 나는 할 말이 없어 기가 죽는다. 다른 친구들보다 3년이란 시간을 벌었지만 그 기간 동안 특별히 내놓을 만한 일도 하지 못했다. 졸업하고 3년 동안 잠깐의 농사일을 지켜본 것과 서울에서 외사촌 매형 사업을 도와 외판원으로 있었던 것이 전부이다. 당시는 방위 근무도 없었다. 국방의무을 다한 대한민국 장병들에게 존경과 충성을….

3. 무전여행

이웃집 친구와의 잊을 수 없는 또 하나의 추억이 무전여행이다. 1960년대 젊은이들 사이에 유행했던, 말하자면 돈 안 들이고 떠나는 여행이다. 친구와 작당하여 집에 알리지도 않고 돈 몇 푼 가지고 제주도 여행을 떠났다. 남원에서 이리로 가서 거기서 목포까지 무임승차하고 목포에서 오전에 가야호 배를 탔다. 8시간에 걸쳐 해가 질 무렵 제주에 도착했다. 처음 탄 배라서 어찌나 뱃멀미를 했는지 먹은 것을 다 토했다.

첫날 밤은 초등학교 교실에서 자고, 이튿날 아무런 장비도 없이 한라산을 넘다가 해가 져서 함께 오르던 동료들의 텐트 신세를 졌다. 아무 준비도 없이 동료 텐트에서 자다가 추워서 거적을 찾았다. 모든 수단을 동원해 보았지만 추위에 배탈이 났다. 정말 무모한 도전이었다. 이렇게 밤을 새우고 겨우 한라산을 넘어 서귀포에

도착하여 여기저기 구경하였다. 밤이 되어 마음 착한 천주교 신자를 만나 하룻밤 신세를 지기도 했다. 이렇게 5일을 떠돌아 다니다가 집에 오니 꼴은 말이 아니었고 어른들의 꾸중은 오죽했겠는가. 요사이 신문에서 산행하다가 또는 캠프하다가 사고가 났다는 소식을 보면 아찔한 생각이 든다. 철없이 용감했던 시절 아찔했지만 좋은 추억으로 남아 있다.

4. 가슴 아팠던 사회 첫 경험

철없이 지내다가 우리는 외삼촌이 계시는 전북 장수군 계내면 신동이라는 마을로 이사를 했다. 그곳에서 논을 구입하고 농사일을 처음 경험하였다. 옆에서 외삼촌이 많이 도와주었지만 여간 힘든 일이 아니었다.

일이 힘들어 서울로 올라갔다. 서울에서 외사촌 매형이 목수들이 쓰는 줄자를 만드는 작은 수공업공장을 하고 있었다. 나는 외판원으로 서울 시내와 전국 철물점에 물건을 대는 일을 맡았다. 그 덕분에 서울 지리가 훤했고 전국 방방곡곡 가보지 않은 곳이 없다.

당시는 잘 몰랐지만 지금 생각해보니 무허가 불법 제작이었다. 마음에 내키지 않았지만 서울생활이란 호기심으로 그 일에 동참했다. 솔직히 말해서 집을 떠난 것만으로도 내 삶에는 큰 변화가 왔다. 고생이 되었지만 젊음과 의욕으로 뛰어다녔다. 고객도 확보

하고 수입도 괜찮았다. 하지만 여기에도 시련은 있었다. 불법 제조라는 것을 알고 누가 나를 미행하여 경찰에 고발한 것이다. 어느 날 밤 파출소에 연행되어 수갑이라는 것을 찼다. 경찰은 제조공장을 대라고 추궁했다. 나는 말할 수 없었다. 말하게 되면 매형 공장은 불법으로 고발을 당하게 되어 공장은 문을 닫고 모두가 형사처벌을 받아야 하는 심각한 상황이었기 때문이다. 처음으로 사회의 어려움을 겪게 되는 순간이었다. 밤새 고민을 하다 보니 도움의 손길이 보이기 시작했다.

당시 첫째 숙부님이 서울 조흥은행 본점에 검사역으로 계셨다. 어렵게 전화를 연결하여 사정을 이야기했더니 사람을 시켜 봉투 하나를 들고 왔다. 그때로는 상당한 돈이었다. 돈으로 파출소장과 거래하여 풀려나게 되었고 외사촌 매형은 아무런 피해를 보지 않았다. 어떠한 일이 있더라도 외사촌 매형에게 피해를 줄 수 없다는 다급한 심정에 부정한 방법으로 일을 처리하게 되었다. 나로서는 그 길이 최선이라 생각했기 때문이다. 지금도 후회는 없다.

이 일이 있고난 후에도 그 일에서 손을 떼지 못하였다. 외사촌 매형의 사업자금을 보태기 위해 집에서 돈을 가져 가다가 서울 가는 버스 안에서 가방 바꿔치기로 상당한 돈을 잃은 적이 있었다. 이 일로 외사촌 매형 일에서 손을 떼고 다시 부모님 곁으로 돌아왔다. 사회 첫 경험으로 받은 아픈 사연이었다.

아담의 창조

신학교 예과 입학동기생

만종

제7장

나의 인생 터닝 포인트

1. 신학대학 입학

번암 양조장을 할 때 외사촌 남동생과 함께 살았다. 나보다 네 살 아래인데 그가 신학교에 입학했다. 방학 때는 나와 많은 대화를 나누었다. 동생은 내가 신학교에 갈 수 있도록 동기부여를 해주었다. 나의 인생 터닝 포인트였다.

일 년간 집에서 열심히 공부해서 광주신학교에 입학하였다. 모태신앙이라 어릴 때부터 동기부여는 되었지만 실천을 하지 못했다. 전동성당에서 고등학교 학생회 활동을 할 때 멋있고 잘생긴 신부님들에게도 영향을 받았다. 내가 일반 대학에 진학했었다면 지금 신부가 되었겠는가. 생각해보면 이것도 하느님의 성소의 부르심이라고 믿고 싶다.

시험을 보고 일주일 후에 합격통지서를 받고 나니 나도 대학에 가는구나 하는 실감이 났다. 나를 추천해주신 분은 장계본당 벨기에 레오 신부님으로 한국 이름은 도광석 신부였다. 불행하게도 내가 신학교 3학년 때 환속했다. 그 뒤로는 만나본 적이 없다.

2. 학교생활의 어려움

신학교에 입학은 하였지만 당신 광주 대건신학대학은 외국인 예수회 신부님들이 운영했기 때문에 국어 선생님과 라틴어 선생님 두 분 외에는 모두가 미국 신부들이었다. 물론 강의는 처음부터 영어로 하였다. 나는 영어가 부족한 사람이다. 그러다 보니 강의 절반은 잠자는 시간이었고 강의 내용도 알아듣기가 힘들었다. 시험 날짜가 발표되면 긴장 때문에 설사로 고생을 했다. 다른 학생들은 변비로 고생을 할 만큼 힘들었다. 다행히 우리의 어려움을 알고 시험은 주관식보다는 사지선택형이었다. 영어실력이 부족한 사람을 위한 배려였다.

성적 미달 학과도 있었다. 라틴어 선생님은 한국 선생님이셨는데 성적이 좋지 않은 나를 따로 불러 충고해주면서 열심히 잘해보라는 격려의 말을 해주셨다. 지금도 고마운 기억으로 남아 있다. 같은 반 학생보다 3년이나 늦었고 공부도 뒤쳐져서 마음고생이 많았다. 나는 내색을 하지 않았지만 신학교 생활 내내 시험 스트레스로 설사병을 갖고 살았다. 이런 속에서도 시험이 끝나고 나면 마음이 맞는 동료들과 학교 근처 막걸리집에 가서 한 잔씩 기울이는 기쁨도 있었다. 사실은 학교 내에서는 금주였다. 동료들 중에 술에 대한 사연들도 많지만 상상에 맡겨본다.

공휴일에 다른 학생들은 무등산으로 소풍도 가고 극장 외출도 있었지만 나는 모자라는 공부를 보충하기 위해 도서관에 머무는 시간이 많았다. 그러나 성적은 항상 밑바닥을 벗어나지 못했다.

3학년 때 한국 신부들이 학교를 인수받아 한국어로 강의를 받고부터는 숨통이 트이기 시작했다. 그렇다고 성적이 좋은 편은 아니었다. 이때부터 설사병은 없어졌지만 공부하는 데는 왜 그렇게 힘들었는지. 한때는 이곳이 내가 있어야 할 곳이 아닌가 생각을 하기도 했다. 이렇게 6년이란 세월이 가고 졸업할 때는 맨 끝줄에 묻어서 졸업했다. 돌이켜보면 주님께서 이곳에서 인내의 힘을 길러주시지 않았나 생각된다. 그 인내심으로 지금 나는 사목생활을 잘 갈무리하고 있다. 변명해본다면 성적이 사목 성적과 비례하지는 않는다.

3. 우리 집 광주로 이사

내가 신학교 3학년 때 우리 집은 광주 월산동으로 이사를 했다. 당시 아버지 바로 아래 숙부께서 광주 조흥은행 지점장으로 계시면서 장형을 화청기공사에 취직시켜 주었다. 장형은 늦깎이 직업

광주 집 옥상에서 조카들과 함께

을 갖게 되어 열심히 살았다. 얼마 지나서 금호타이어(당시 삼양타이어)로 직장을 옮겨 부모님을 모셨다. 집도 새로 장만하고 가정은 어렵지 않았지만 아버지의 지병으로 어머님의 수고가 많으셨다.

나는 주일이면 가끔씩 집에 들러 가족들을 만나는 기쁨도 있었다. 그러나 아버지의 병세는 호전이 없었다. 하루는 어머니와 상의하여 월산동 주임 신부에게 아버지의 병자성사를 청했다. 아버지는 병자성사를 받고 약 한 달간 투병하다가 회갑을 몇 달 앞둔 1973년 5월 예수승천주일날 세상을 떠나셨다. 삼일장으로 월산동 성당에서 장례미사를 마치고 천주교 묘지에 안장하였다. 이때 부제반 동료들의 수고가 많았다. 이 무렵 내 바로 밑에 아우도 금호타이어에 취직하였고 그다음 해 결혼을 했다.

이렇게 광주는 우리 형제들이 경제적으로 새 삶의 둥지를 튼 곳이며, 내가 6년간 신학교에 다니면서 사제의 꿈을 키운 곳이다. 광주는 나를 사제를 만들어준 잊을 수 없는 곳이다.

4. 아찔한 이야기

추석이었다. 이날 하루는 가까운 곳에 사는 사람은 집에 다녀올 수 있지만 그렇지 못한 사람은 무등산이나 시내 극장에 가는 것이 상례였다. 이날 나는 우리 반 나이 든 친구들과 시내를 어슬렁거리다가 술집에 들렀다. 마음 놓고 한 잔씩 하다 보니 시간 가는 줄도 몰랐다. 모두가 과음으로 학교로 돌아갈 시간을 넘겼다. 학교 정문이 닫히고 만약 이 일이 들통 나면 최소한 무슨 불벼락이 떨어질지 모를 처지였다. 정말 난감하였다. 사실은 내가 꼬드겨 그리된 것이기 때문에 잘못하면 내가 퇴학처분을 받을 수도 있었다.

평소 학교 탱자나무 울타리에 개구멍을 보아둔 곳이 있었다. 야음을 타서 개구멍으로 낮은 포복으로 모두가 들어올 수가 있었다. 하지만 또 한 가지 복병이 있었다. 현관문은 저녁 10시가 되면 닫친다. 기발한 아이디어가 머리를 스쳤다. 일층 방에 있는 불이 켜진 창문에 자갈을 뿌려 현관문을 열어달라는 구호요청을 했다. 구사일생으로 위기를 넘겼다. 그때 현관문 열어준 친구는 지금 사제생활을 잘하고 있다. 고마워.

5. 학교 내 야학夜學 운영

1960년대의 한국사회는 어디를 가나 빈곤에 허덕이는 시대였다. 특히 경제적 어려움으로 학교에 진학하지 못한 어린이들이 많았다.

광주신학대학은 광주와 송정리 중간 쌍촌동이라는 곳에 있었는데 주위 마을 사람들은 가난한 서민들이었다. 자녀들을 학교에 보내지 못한 가정이 많았다. 이런 사정을 알고 학교 측에서는 이웃에 있는 미진학 학생들을 모아 중학교 과정을 가르쳤다. 학교 한편에 블록으로 교실 두 칸을 짓고 한 칸은 학생들을 위해 사용했고 다른 한 칸은 교무실로 사용했다. 주위 학생들은 소문을 듣고 모여들었다.

교육과정은 중등교과과정으로 고등학교 검정고시를 준비해주는 단계였다. 학생은 남녀 공학으로 40명 정도였다. 학생들은 들쑥날쑥 나이 차이가 심했다. 그러나 학업분위기는 진지했고 선생님들은 보람을 느끼며 바쁜 시간을 쪼개어 봉사해 주셨다.

교사들은 신학교 4학년 이상으로 자원봉사 지원을 받았고, 일부는 조선대학교 학생들이 도와 주었다. 신학대학에서 재정은 충당해 주셨다. 지도 신부님이 한 분 계시고 그 밑에 교감과 서기 그리고 담임선생님과 과목 선생님들로 구성되어 학교가 운영되었다. 이때 봉사해주신 선생님들만 해도 10명이 넘었다. 나는 이곳에서 2년간 교감직을 맡아 학생들의 교육과정을 점검했고 교사들을 관리하는 데 많은 시간을 보냈다.

나는 수업은 맡지 않았지만 선생님들의 결원이 생길 때마다 땜빵으로 바빴다. 사실 내 공부하기에도 시간이 부족했지만 이 일만은 보람을 느끼며 봉사했다. 학생들이 검정고시에 합격했다는 소식을 들었을 때 보람은 두 배로 컸다. 이렇게 2년을 봉사하고 부제 때 다른 학사님에게 인계인수를 하고 졸업을 했다. 지금은 야학이 없어졌지만 그때에는 배움에 굶주리는 학생들에게는 큰 희망이 되어 주었다고 자부한다. 그들은 지금쯤 어떻게 살고 있는지 궁금하다. 축복 있기를 빌어본다.

6. 돼지막사 청소 아르바이트

신학교 3학년 때였다. 장계 본당 내에는 신용조합과 양돈조합이 있었다. 나는 본당신부님의 허락을 받고 여름방학 때 양돈조합에서 돼지우리를 청소하는 아르바이트를 했다.

돼지우리는 성당 텃밭 뒤쪽에 있었다. 축사는 10동이었는데 1동에 2마리씩 넣어서 길렀다. 이곳에서 축사 청소를 했다. 낮에는 더우니까 지붕에 물을 뿌려주는 일을 했다. 아침 5시에 일어나 하루에 3동씩 교대로 축사 청소를 했다. 축사 청소는 배설물을 치우

고 물청소를 해주었다. 처음 해보는 일이었지만 할만 했다. 이렇게 깨끗이 관리되니 우리에서 냄새는 거의 나지 않았다. 한 달간 아르바이트를 하면서 용돈을 번다는 자부심이 생겼다.

이 일을 하면서 남을 의식해 창피하다거나 부끄러운 생각을 해본 적은 없었다. 오히려 본당 신부님이 지켜보시고 나의 근면성에 좋은 점수를 주었다. 방학이 끝나고 본당 신부님이 두툼한 봉투를 주셨다. 내가 한 학기 용돈을 쓰고도 남을 돈이었다. 땀 흘려 번 돈으로 한 학기 내내 지갑은 빵빵했다. 그때는 돈사에서 청소를 하면서도 냄새를 몰랐는데 지금은 병적일 만큼 냄새에 민감하다. 돼지 삼겹살은 정말 좋아하지만 돈사의 냄새는 죽을 만큼 싫다.

7. 구국 철야 기도회

당시는 유신독재로 정치는 실종되고 사회는 갈 길을 잃었다. 특히 대학가에서는 유신독재 타도로 전국에서는 하루도 빠지지 않고 데모가 일어났다. 광주에서도 전남대학교 조선대학교에서 데모가 일어나 투석전이 벌어졌다. 이 일로 학생들이 다치고 체포되는 등 사건이 심상치 않게 돌아가고 있었다. 3선 개헌 때가 제일 심했다. 우리 반 부제들이 의기투합하여 삭발 데모를 주도하여 전교생이 삭발한 일로 부제반과 학교 측과의 불편한 관계도 있었다. 그때 기도회 강론은 내가 맡았다. 이 일로 인해 학교 측으로부터 주의를 받았고 주교님으로부터 경고를 받았다. 당시는 젊음과 정의가 두려움을 앞서게 했던 청춘이었다.

지금 돌이켜보아도 후회는 없다. 가끔씩 철야기도 때 내 강론을 읽어보면 자랑스런 생각이 든다. 그때 그 시절 청춘은 용감하고 아름다웠다라고….

당시 구국철야기도회 강론을 적어본다.

구국 철야 기도회를 시작하면서

존경하올 신부님 그리고 동료 신학생 여러분!

지금 밖에는 어두움과 함께 찬바람이 휘몰아치고 있습니다. 그러나 우리가 지금 앉아 있는 이곳은 바깥세상과는 전혀 다르게 아무런 동요도 없어 보입니다. 그러나 이러한 불빛 아래에서도 눈으로 볼 수 없는 우리들 가슴속의 내적 갈등은 밖의 저 어두움보다도 더 짙고, 찬바람보다도 더 세차게 소용돌이치고 있습니다.

저는 오늘 밤 이 자리를 빌어 우리가 당면하고 있는 정치 현실 속에서 우리들의 내적 갈등이 어떤 것인가를 말씀드리려고 합니다. 저는 오늘 어떤 후배로부터 이런 말을 들었습니다. 우리가 지금 귀중한 시간을 들여서 철야 기도를 해야 할 필요가 있습니까? 또 이

기도회는 학교에서 허락된 것입니까? 아니면 자발적으로 하는 것입니까? 저는 이 말을 듣고 너무나도 안타까운 생각이 들었습니다.

이 기도회가 시작되기 전 각 학년에서 한 시간 동안 토론을 거쳐 우리들의 뜻에 함께하는 사람들은 동참해 달라고 한 것이었습니다. 다시 한 번 분명히 말씀드립니다. 우리들의 젊음과 양심의 부르심에 따른 자발적인 것임을 분명히 밝혀 둡니다. 이 시간 이후로는 이런 일로 오해가 없기를 바라며, 뜻을 같이한 동료들은 함께해 주시기를 부탁드립니다.

우리는 하느님의 부르심을 받고 응답하여 신학교에 오게 된 사람들입니다. 그러면 우리의 사명은 무엇입니까? 우리는 그리스도를 따르기로 선택된 사람들입니다. 그렇기 때문에 우리는 그리스도의 말씀을 만민에게 선포하고, 이웃을 사랑하는 실천을 해야 하겠습니다.

그러면 우리가 지금 학교에서 하고 있는 이 생활이 진정 하느님의 말씀대로 이웃에게 사랑을 실천하는 생활의 전부인지를 한 번 생각해 볼 시간이라고 판단됩니다. 그리고 우리는 배우는 학도로서 남을 비판하기 전에 자기 자신을 먼저 살펴보는 진지한 자세가 있어야 한다고 생각됩니다. 그래서 오늘 이 철야 기도가 우리들 자신을 되돌아보는 성찰의 시간이 되었으면 합니다. 그 다음에 해야 할 일은 진정한 이웃이 누구인지 살펴보고 그 이웃이 어떤 상황에 있는지, 나와는 어떤 관계에 있는지 그리고 내가 이웃에게 해야 할 일이 무엇인지를 찾아보자는 것입니다.

여러분도 잘 알고 계시겠지만 현 유신정부는 부정과 부패가 극에 달해 있으며, 유신 군부 독재 정치는 국민들의 숨통을 조이고, 언론은 정부의 시녀가 되어 아무런 말 한 마디도 못하고 모두가 총칼 앞에 굴복하고 말았습니다.

하지만 젊은 대학가에서는 이러한 불의 앞에서 독재 정권에 항거하여 서울을 비롯한 전국으로 데모 시위가 번지고 있습니다. 유신 정부의 독재 정권 아래 인권이 무참히 짓밟히고 유린되는 이 시점에서 전국의 대학생들은 독재 정권의 만행을 규탄하고 있는 것입니다. 그런데도 현 정부는 반성의 기미는 보이지 않고 오히려 젊은 동료들을 강제 구금 체포하고, 때에 따라서는 재판도 없이 행방불명되는 일도 있다고 합니다. 군사 정권에서나 할 수 있는 일이지 자유민주국가에서는 상상도 할 수 없는 그런 엄청난 일이 벌어지고 있는 것입니다. 하여 이러한 일을 보다 못한 젊은 청년 대학생들이 학교를 뛰쳐나와 그들의 의사 표시인 시위를 하는데, 최루탄을 쏘아 학생들을 해산시키고 또는 구타하여 인권을 유린한다고 합니다. 이런 현장을 목격한 대학생들은 부정과 맞서 투석전까지 하고 있다는 소식입니다.

이런 상황에서 우리의 동료 대학생들이 하는 일이 정당하다고 생각될 때는 우리도 어떤 모습으로든지 그들이 하는 일에 힘을 보태주는 행동을 해야 한다고 생각합니다. 그래서 우리들이 그 일을 하기 위한 지혜를 모으고 힘을 모으기 위해, 그리고 양심의 소리에 따라 행동하기 위해 이 자리가 마련된 것입니다. 다시 말씀드리면 일을 행동으로 옮기기 전에 마음의 무장을 철저히 해두자는 것입니다.

저는 일전에 대학신문 여론조사에서 이런 내용을 보았습니다. 현재 우리나라에 있는 종교 중에서 현재의 사회를 변혁시킬 수 있는 가장 큰 영향력을 행사할 수 있는 종교를 순위별로 나열한 것이었는데, 천주교가 제일 우선순위에 있는 것을 보았습니다. 이것은 무엇을 말해 주고 있습니까? 그만치 우리 가톨릭에 희망을 걸고 있다는 것입니다. 만약 이러한 젊은 대학 동료들의 희망을 저버린다면 우리는 참으로 이웃의 불행을 보고 무관심해 버리는 비겁한 신학도가 될 것입니다.

이번 기회에 우리도 학교 기숙사에만 갇혀 있는 것이 아니라 이 사회에서 빛과 소금의 역할을 해야 할 때라고 생각합니다. 만약 우리가 그들과 고통을 함께하지 않는다면 우리가 그들을 외면하는 것이 되고, 그러면 그들도 우리를 외면할 것입니다. 우리가 신학생이라고 해서 밖에 있는 사람들의 일에 무관심하거나 무기력해서는 안 됩니다. 이 순간에도 민주화를 위해 싸우다가 감옥에 갇히고, 권력과 폭력 앞에 대항하다가 고통을 당하는 젊은 동료 대학생들이 바로 누구입니까? 여러분은 사마리아인의 내용을 잘 알고 계실 것입니다.(루가 10, 25-37) 그들이 바로 우리의 이웃이요, 형제요, 동료입니다. 한 차원 높여 신앙의 눈으로 볼 때 그들은 매맞는 그리스도요, 헐벗은 그리스도요, 핍박받는 그리스도인 것입니다.

이러한 상황 속에서 우리가 아무런 말 한 마디도, 아무런 동료애도 나타내지 않는다면 우리는 너무나 위선적인 삶에 익숙해 있는 신학도라고밖에 볼 수 없습니다.

사랑하는 동료 신학생 여러분!

우리는 신학생이기 전에 이 나라의 국민입니다. 그리고 이 땅에 복음을 전해야 하는 예비 성직자들입니다. 앞으로 이 땅에 자유 민주주의가 정착되고 평화로운 사회가 왔을 때 우리들의 복음 선포도 활기차게 전개될 것입니다

저는 신학교에 들어오기 전 학교 역사 시간에 천주교 신자로서 자존심이 상한 적이 있었습니다. 다름 아닌 일제 치하에서 3·1 독립선언서에 다른 종교들은 적극 협력했는데 천주교 신자들의 협조는 없었다는 것을 부끄럽게 생각해 왔습니다. 그 당시 천주교 성직자들에게 외국 신부들의 영향력이 컸다고는 하지만 어쩐지 당시 천주교회의 사회 참여는 소극적이었음을 부인할 수 없습니다. 지금 생각해 보면 부끄러움을 느낍니다.

역사는 기다려 주지 않습니다. 그래서 오늘의 역사 앞에 또다시 부끄러움을 남겨서는 안 되겠습니다. 저는 오늘 이 자리를 통해서 우리 천주교가 왜 일제 강점기에 있었던 일을 자신 있게 설명하지 못하는지 알 수가 없습니다. 특히 안중근 의사의 이등박문 저격사건을 두고 침묵으로 일관하고 있는 이유를 알 수 없습니다.

역사 교과서에서는 의사로 추모하고, 한국 천주교회사에서도 그를 신자의 용기 있는 양심으로 기록하였고, 역사에서는 애국자로 추앙하고 있는데 교회는 침묵으로 일관하고 있는 것에 대해 제 개인적으로는 유감으로 생각하고 있습니다.

교회가 정확한 입장을 정리해주지 않으면 우리 교회는 사회 참여를 하는 데에 혼란을 가져오며, 사회의 뒤편에서 구경꾼으로, 혹은 방관자로서의 지탄을 면하지 못할 것입니다. 또한 이러한 교

회라면 민중은 등을 돌릴 뿐만 아니라 돌을 던질지도 모릅니다.

우리는 걸핏하면 순교자들의 후예라고 자랑을 합니다. 그렇습니다. 훌륭한 순교자들의 후예임에는 틀림없는 사실입니다. 그렇다면 오늘날 우리 교회는 그 정신을 받들어 사회를 변화시키는 데에 빛과 소금의 역할을 얼마나 했습니까?

죄송한 말씀입니다만 그런 일은 별로 없었던 것처럼 보입니다. 교회의 기존 성직자들에게는 부담스럽게 들릴지 모르겠지만, 한국 천주교회는 호교론을 위해, 또는 개인 구원을 위해서는 목숨도 내놓은 치명 순교도 있었으나 이웃과 사회를 위한 적극적인 행동은 없어 보입니다. 교회가 집안 단속만 했지 이웃에는 무관심했다는 것입니다.

진정한 교회의 모습은 이런 것이 아니지 않습니까? 진정한 교회는 하느님을 섬김과 동시에 이웃 사랑의 구체적인 실천으로써 무거운 짐을 덜어 주는 교회, 가난한 자에게 복음을 주는 교회, 결박된 자에게 해방을 주는 교회, 소경에 광명을, 억압받는 자에게는 자유를 주는 교회가 되어야 합니다. 벗을 위해 목숨을 바칠 만한 교회, 평화와 진리를 증거하고 의를 위해 박해를 받을 준비가 되어 있는 교회가 되어야 합니다.

친애하는 동료 신학생 여러분!

우리는 앞으로 한국교회의 기둥이 될 미래의 사제들입니다. 우리는 비겁하지 맙시다. 불의를 보고도 무관심하지 맙시다. 무감각하지 맙시다. 무기력하지도, 무책임하지도 맙시다.

비겁하게 이 사회가 이 지경이 되었는데도 내가 주인이 되어 변화시키려고 하기보다는 나 아닌 다른 누가 해주기만을 은근히 기대하고 있다면, 그것은 젊은 신학도로서의 양심을 버린 비겁한 행동입니다. 젊은이는 양심에 따라 행동해야 합니다. 젊은이는 불의와 타협하지 않습니다. 젊은이는 행동으로 실천하는 용기가 있습니다. 이것이 우리 젊은이의 특권이요, 자랑입니다.

사랑하는 동료 신학생 여러분!

우리는 이 땅에 태어난 이 땅의 주인들입니다. 고통도 기쁨도 모두 우리의 몫입니다. 다른 사람이 주인이 될 수는 없습니다. 바로 우리 젊은이들이 이 나라에 밝은 희망을 보여주어야 합니다. 우리가 그 희망을 버리면 이 나라는 또 불행해집니다.

우리는 신학도입니다. 기도할 때 기도하고, 일할 때 일해야 합니다. 또한 행동할 때 행동도 해야 합니다. 이것이 젊은이가 살아 있다는 증거입니다. 성서에서도 행동하지 않는 믿음은 죽은 것이라 했습니다.(야고 2, 17)

사랑하는 동료 신학생 여러분!

오늘 밤 이 자리에서 이 정도로 우리의 취지를 말씀드렸으니 이제는 마음의 준비가 되었으리라고 생각하면서, 모든 행동은 부제반에서 신중히 생각하여 행동지침을 내릴 것입니다. 우리의 일치된 모습을 보여주시리라 믿습니다.

오늘의 사회는 조직적인 사회입니다. 조직적인 악의 세력은 우리 개인의 힘으로는 막아낼 수가 없습니다. 이것을 상대하기 위해서는 조직적인 선의 공동체가 필요합니다. 그렇기 때문에 그 선의 공동체를 확인하기 위해 오늘 이렇게 모인 것입니다.

하지만 아무리 목적이 좋아도 방법이 나쁘면 안 됩니다. 우리는 좋은 목적을 이루기 위해서 좋은 방법을 찾아야 합니다. 우리는 신학도이기 때문에 행동도 복음적이어야 합니다. 아무리 참기 어려운 일이라도 폭력이 개입되어서는 안 됩니다. 우리가 행동하고 표현할 수 있는 모든 것을 동원해 봅시다. 여러분의 적극적인 성원과 많은 기도 부탁드립니다.

그리고 이 기도회를 주관해 주신 우리 부제반 동료들, 그리고 학생회 여러분과 각 반의 대의원 여러분께 감사를 드립니다. 끝으로 부탁드리고 싶은 말은, 오늘 밤 이 기도회는 일 회로 끝나는 것이 아니라 상황에 따라서는 많은 어려움이 있을 것이기 때문에 일을 시작하기 전 마음의 준비라고 생각하고 인내를 가지고 지켜봐 주시기 바랍니다. 그리고 필요할 때에는 여러분의 용기 있는 행동으로 부제반의 지시에 적극 동참해 주시기 바랍니다.

행복하여라! 평화를 위하여 일하는 사람들.
그들은 하느님의 아들이 되리니.
행복하여라! 옳은 일을 하다가 박해를 받은 사람들.
하늘나라가 그들의 것이다.(마태복음 5장 9-10)
아멘.

— 1973년 11월 17일 밤 부제 서석구

제2편

사제, 더불어 행복했던 삶

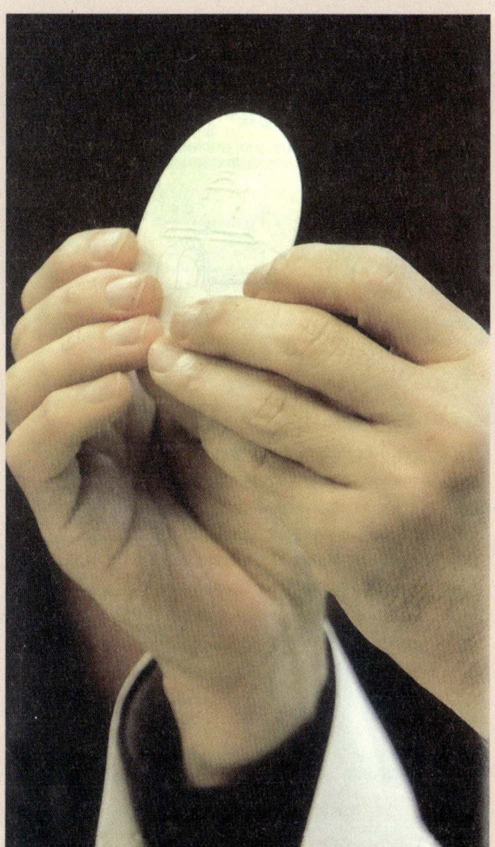

6년이란 세월을 신학교 기숙사에서 생활하고 드디어 1974년 7월 3일 전주 중앙성당에서 김재덕 주교님으로부터 서품을 받았다. 교구 서품 동기는 정승현(요셉) 신부, 박종근(안드레아) 신부 그리고 서석구(사도 요한) 신부다.

사제서품 때 자기의 삶의 모토로 생각하며 좋아하는 성경구절을 상본에 새겨 신자들에게 선물을 주는데 나는 「요한복음」 12장 24절인 '밀알 하나가 땅에 떨어져 죽지 않으면 한 알 그대로 남아 있고 죽으면 많은 열매를 맺는다.'라는 성구를 선택했다. 이 성서 말씀을 묵상하다 보면 김용석 시인의 「가을이 오면」이란 시가 생각나서 아래에 소개한다.

가을이 오면

김용석

나는 꽃이에요.
잎은 나비에게 주고
꿀은 꿀벌에게 주고
향기는 바람에게 보낸답니다.
그러나 난 잃은 건 하나도 없어요.
더 많은 열매로 태어날 거예요.
가을이 오면

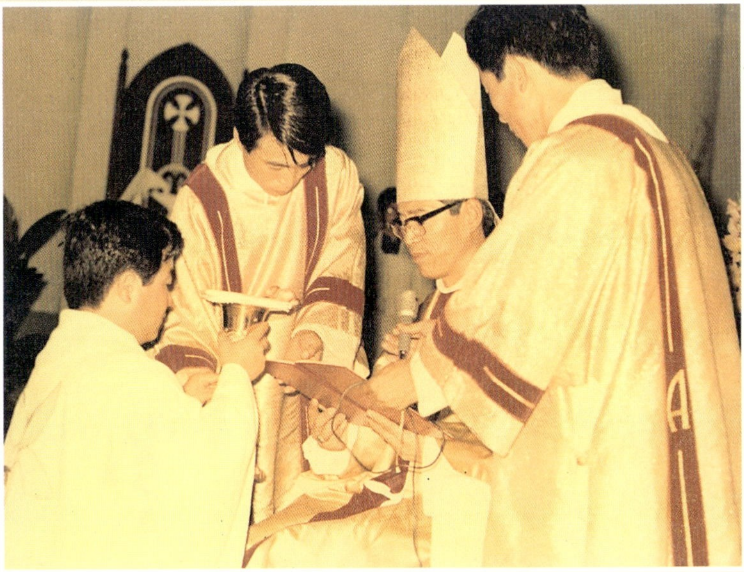

1974. 7. 3. 전주 중앙성당에서 김재덕 주교로부터 미사 때 사용할 성작 받음

동기서품자 오른쪽부터 박종근(안드레아), 서석구(사도요한), 정승현(요셉)

사제독신서약

조카로부터 축하꽃다발

제1장

중앙성당 보좌신부로 부임

1. 사제 첫걸음

서품 후 나는 중앙성당 보좌신부로 발령을 받았다. 본당 신부는 이대권(바오로) 신부였다. 6개월간 보좌신부로 있는 동안 신부로서의 새로운 세계를 체험했다. 성무활동으로 미사와 강론 고백성사 여러 가지를 체험했다.

당시는 고백성사 하는 사람이 왜 그렇게 많았는지. 주일날 고백소에 들어가면 1~2시간은 보통이었다. 지금과 같이 시설이 잘된 것도 아니라 여름엔 어려움이 많았다. 한 시간 정도 지나면 머리가 아프고 속이 울렁거렸다. 고백소 밖에 긴 줄만 보면 겁이 났다. 이때 고백성사 콤플렉스가 생겼다. 그러나 고백소에서 화를 내거나 소홀히 대한 적은 없다. 고백소에서 화를 내지 않고 신부 생활을 마치면 성인신부라고 말한 선배 신부님의 말씀이 나에게는 큰

전주 중앙성당

지침이 되었다. 그런데 세월이 흐른 지금은 고백소에 줄 서는 일이 없다. 죄인이 없어서일까? 아니면 죄에 대한 무관심 때문일까? 아쉬움이 남는다.

초등부와 중고등부 많은 학생들이 미사에 참례했고 교리교사들도 열심히 봉사해 주었다. 사제관에서 인생상담을 하며 젊은이들과 밤을 새우던 추억이 남아 있다. 나는 현관 정문에 이런 글을 써 붙였다.

'**고민 있는 사람은 여기 와 함께 고민을 풀고, 고민 없는 사람은 그 비결을 가르쳐 주십시오.**' 많은 젊은이들이 사제관 응접실에서 자신들의 삶에 대해서 대화를 나누었다. 나는 자리를 마련해주고 들어주는 것만으로 만족했다. 12시 사이렌 소리가 왜 그렇게 아쉬웠는지 모른다. 나는 응접실을 그들에게 내주고 침실로 가는 때가 많았다.

2. 본당 신부와 술 친구

본당 신부와 특별한 추억이 있다. 본당 이대권(바오로) 신부님은 약주를 좋아하셔서 저녁 10시쯤 되면 인터폰 소리가 울린다. “서 신부, 출출한데 술 한잔 하게 내 방으로 내려와.” 내려가 보면 술안주와 고급 양주병이 놓여 있어 그 유혹이 만만치 않았다. 나도 젊은 나이라 싫지는 않았지만 본당 신부님의 술 주량은 나로서는 감당하기 어려울 정도였다. 자정이 넘으면 사양했지만 본당 신부님은 나를 보고 젊은 나이에 하면서 계속 마시기를 바라셨다. 그때마다 “신부님, 제가 아침미사이기 때문에 그만 하겠습니다.” 하면 “아침미사는 내가 할 테니까 걱정 마.” 하면서 대작을 즐기셨다. 그리고 정말 아침에 미사를 해주셨다. 그 후로는 신부님과 대작을 몇 차례 했지만 아침미사는 내가 챙겨 신부님에게 부담을 주지 않았다. 신부님의 밤샘 대작은 아무도 못 말리는 일이었다. 내 후배 보좌신부들은 어떻게 지냈는지 궁금했지만 물어보지는 않았다.

3. 조용할 날이 없었던 유신독재 시절

유신군사 독재 시절이라서 중앙성당에서는 매주 시국기도회가 있어 조용할 날이 없었다. 이때에는 주교님을 비롯해서 교구 신부 전체가 유신정권에 맞서 국민들을 대변해 유신의 부당함을 세상에 고발하며 중앙성당에서 전동성당까지 거리시위도 했다. 이때 시민들도 많은 호응이 있었다. 교구 신부 대다수가 5일간 교구청에서 단식농성을 벌이기도 했다.

중앙성당 보좌로 있으면서 잔심부름 하느라고 고생깨나 했다. 지학순 주교님이 중앙성당에서 시국기도회 초청강사로 왔을 때 성직자뿐 아니라 시민들도 많이 참석해 성당 안팎을 가득 메웠다. 하루하루가 살얼음판을 걷는 긴장된 시기였다. 그러나 젊음은 유신독재가 두렵지 않았다. 젊음이여! 그대는 총칼보다 더 무서운 힘이었다.

4. 키 작은 예수님

오후 낮잠을 즐기고 있는데 사제관 문을 두드리는 소리가 나서 문을 열어 보니 사무장이 다급한 소리로 대학병원에 급한 환자가 있으니 병자성사를 주셔야 한다는 보고를 했다. 급히 준비를 하고 병원 응급실에 들어서자 40대쯤 보이는 부인이 내 손을 잡으면서 우리 아들 좀 살려달라고 나를 환자 앞으로 안내했다. 사연인즉 형편이 어려워 시내 반 지하 가게에서 두 아들과 칼국숫집을 하는데 두 아들은 가게에서 자고 어머니는 집에서 출퇴근을 했단다. 어머니가 아침 출근해 가게에 와보니 아들 형제가 연탄가스로 쓰러져 있어 병원 응급실로 실려 왔다는 것이다. 이때에는 연탄가스 사고가 많았다.

어머니는 나를 '예수님' 이라 불렀다. 처음 당하는 일이라 당황되었지만 그들에게 병자성사를 주고 성당으로 돌아왔다. 며칠이 지났지만 아무 소식이 없어 궁금했다. 그래서 칼국숫집을 방문했다. 칼국숫집을 들어서자 주방에는 젊은 두 청년이 열심히 요리를 했고 카운터에는 아줌마가 있었다. 마음이 놓였다. 아, 모두가 무사하구나 생각하고 '하느님 감사합니다.'라고 속으로 기도를 올렸다.

나는 한쪽에 자리를 잡고 칼국수 한 그릇을 시켜 먹고 성당에 돌아왔다. 그날 오후 3시경에 전화를 걸었다. "오늘 점심때에 키 작은 예수님이 찾아가셨는데 보셨는지 모르겠습니다." 라고 묻자 바쁜데 장난 전화 말라며 끊어버렸다. 4시경에 다시 한 번 정중하게 전화를 했다. "여기는 중앙성당입니다. 지난번 사고 때 얼마나 놀라셨습니까?" 라고 묻고 오늘 점심때 키 작은 예수님이 찾아가셨는데 보셨는지 모르겠다고 하자 그때서야 "신부님, 죄송해서 어찌합니까? 신부님을 몰라보았습니다."라며 공손히 사과를 했다.

병원에 갈 때는 사제복을 입고 갔고 가게에 갈 때는 사복을 하고 갔으니 당연히 알아볼 수 없었을 것이다. 그리고 그 다급한 상황에 나를 기억한다는 것은 불가능했으리라. 짓궂은 생각인지 모르지만 나는 언젠가 그 여인을 만나면 지금도 나를 예수님이라고 생각하느냐고 물어보고 싶다. 그동안 세월이 흘러 40년이 넘었지만 그 일을 생생히 기억하고 있다. 두 아들은 지금 중년이 넘었을 것이고 어머니는 내 또래쯤이나 되었을 텐데 모두가 건강한지 안부가 궁금하다. 나는 그 뒤로 예수님이란 말을 한 번도 들어본 적이 없다.

진안성당

사과 바구니가 있는 정물

1974. 3. 첫 부임 진안성당 서재에서

본명축일 때 김재덕(아구스티노) 주교님과 김종택(요셉) 신부님 축하 오심

제2장

1975년 첫 본당 신부로 진안성당 부임

진안 본당은 내 고향 장수와 가까운 곳이라 낯설지 않은 곳이었다. 서두에 우리 집 조상들이 피난온 곳이 진안 장재동이라고 소개했다. 지금도 공소가 있고, 우리 고증조부 묘소도 이곳에 있다. 그 후 고증조부 1980년대에 수분리 선산에 이장을 하였고 1990년대에는 선종하신 조상 모두를 지금의 전주 금상동성당 납골당에 모셨다.

나는 진안본당에 첫 발령을 받으면서부터 어머니를 모시고 15년 동안 함께 살았다.

1. 김병엽 신부님 술안주 사건

당시에는 보좌신부가 본당 신부로 부임하면 선배 신부들이 격려차 방문해주셨다. 부임하고 1주일 정도가 지날쯤 김병엽 신부님이 오후 늦게 찾아주셨다. 나는 사제 초년기라 신부님에 대한 정보가 없었다. 신부님은 오후부터 약주를 하셨다. 나는 피곤해서 잠이 들었는데 얼마 지나자 신부님이 나를 깨웠다. 손님을 모셔놓고 술안주가 시원치 않다며 밖에 술안주를 마련했으니 나가 보라고 했다. 나가 보니 사제관 앞 벚꽃 나무에 개 한 마리가 대롱대롱 달려 있었다. 나는 그때까지 눈치를 채지 못하고 어리둥절하는데 알고 보니 이 누렁이는 내 선임 박성운 신부님께서 기르시다 놓고 간 것이었다. 김 신부님은 이것을 술안주로 작업을 하신 것이다.

나는 영문도 모르고 사목위원들을 불러 멍멍이 술안주 작업을 시키고 밤새 대작을 하면서 신부님과의 추억을 만들었다. 그 후 다른 본당에 가서 살 때 강아지 한 마리를 보내주셨다. 이놈도 잘 키워서 한 잔 하자고 하면서 정을 보여 주셨는데 강아지가 술 안줏감으로 크기도 전에 하늘나라로 갔다. 신부님은 선배들에겐 예의 바른 분으로, 후배들에게는 추억을 만들어주는 사제로 내 기억에 남아 있다. 나는 그분을 보내고 가을 추수를 하고 텅 빈 들판을 보는 듯 마음 한쪽에 구멍 하나가 생겼다. 주여, 그에게 안식을 베풀어 주소서. 아멘.

2. 공소 이야기

진안은 시골이라 공소가 18곳이나 되었다. 당시 전주교구 중에 공소가 제일 많은 곳이었다. 본당 신자 수보다도 공소 신자 수가 더 많았다. 부임하자마자 부활 판공성사 일정을 공소에 보내고 3월부터는 공소 방문이 시작되었다.

공소를 방문하다 보면 너무 피곤해서 중간에 손님 신부의 도움도 받았다. 성당에 속한 작은 성모의원에 차가 있어서 도움이 되었다. 공소에서 하는 식사와 잠자리는 불편했지만 추억도 많다. 피곤해서 고백소에서 졸았던 일, 공소를 오랫동안 비웠다가 신부가 온다고 불을 지펴 구들장 사이로 스며든 그을음 냄새, 잠을 자다 쥐에게 귀를 물린 일, 방이 너무 더워 밤새 잠을 설친 일, 식사 문제, 화장실 문제 등등 추억이 많다.

또 다른 특별한 추억도 있다. 당시에는 출산율이 높아 어느 공소에 가더라도 어린이 보례예식이 있었다. 보례예식이란 보충예식의 줄임말로 공소회장이 물로 씻는 예식과 세례명을 주고 사제가 빠진 예식을 보충해 줌으로써 완전한 세례가 완성된다. 이때에 보례 받는 집에서는 관례상 떡이나 음식을 준비해서 공동체가 나누는 풍요로움이 있었다. 하느님의 자녀로 태어남을 축하하는 아름다운 풍습이었다. 가을 판공 때 수수떡이 그렇게 맛이 있었는데 지금도 이런 풍습이 있는지 모르겠다. 돌아올 때는 공소에서 산나물이나 귀한 약재를 선물로 받아 왔다. 모두들 어려운 살림이었지만 인심만은 넉넉했던 그 시절이 그립다. 신부가 방문하는 날이면 신자들이 동구밖까지 마중 나와 주는 정성이 지극했다. 어떤 공소는 그날 학생들이 학교에 가지 않고 신부를 맞이하는 공소도 있었다. 영혼 구원이 우선이었으니까. 지금도 이런 공소가 있는지 모르겠다. 그때가 참 좋았다.

3. 유치원 설립과 정구장 개장

부임한 다음 해 1976년에 성당 앞터에 유치원을 만들어 어린이 교육과 어머니 선교에 관심을 두었다. 젊은 엄마들이 유치원에 들락거리면서 성당과 친해지는 기쁨도 있었다. 또 옆에 밭이었던 곳에 정구장을 조성해 젊은이들의 모임터로 만들어 주었다. 정구장 개장식에는 교구장 김제덕 주교님과 동료 신부님들이 오셔서 축하해 주고 하루를 즐기고 가셨다. 나는 이때에 이곳 젊은이들과 운동으로 많은 인연을 맺었다. 정구장에서 운동하고 주로 맥주를 마셨는데 하루에 한 상자씩은 먹은 것 같다. 신부가 술꾼이란 말을 듣기는 했지만 그게 내가 먹은 것이 아니라 운동한 친구들과 함께 먹은 것이다. 오해 없기를 바란다. 사실은 나도 그때에는 겁 없이 마셨던 것은 부정하지 않는다. 이런 인연으로 사회 친구들도 성당을 찾아 성당은 사람들로 북적였다. 신자들도 활성화되어 사제생활 동안 바쁘게 지냈다.

4. 신자들과 성지순례

성지순례를 가면 공소 신자들이 많아 버스 7대가 움직였으므로 여간 힘든 일이 아니었다. 지금 같으면 휴대폰으로 각 차마다 연락책에게 지시도 하고 통제하기가 쉬웠을 턴데 그 시절에는 많은 인원이 움직이는 일이 정말 어려웠다. 한 번 휴게실에서 쉬면 배차 점검을 하는 데 30분 이상 걸렸다. 당시 고속도로 휴게소에는 화장실이 변변치 않아 낯부끄러운 일들이 있었다. 노인 한 분이 다른 고속버스에 탑승하여 당황했던 일들도 생생하다.

부활대축일이 되면 공소 신자들이 본당에 와서 축일 미사에 참례했다. 미사 후 친목놀이로 공소 대항 줄다리기 등 여러 가지 행사가 있었다. 그럴 때면 본당은 잔치로 시끌벅적했다.

견진 때는 주교님 모시고 교리대회와 노래자랑 축제도 열었다. 당시 찍은 사진들을 보며 흑백 사진 속에 보이는 깨알만 한 얼굴들을 기억해본다.

5. 진안성당 첫 번째 보좌신부 부임

나는 진안 본당으로 부임하고 2년 만에 보좌신부를 얻게 되었다. 첫 보좌가 왕수해(세례자요한) 신부이고, 두 번째가 이순성 신부였다. 30대 초반에 나이 차이도 별로 없었지만 잘 살아주어 지금 생각하면 고마울 뿐이다. 신학생으로 있던 권이복 신부가 여름방학 때 부귀면 황금리 공소에서 공소증축 자금을 모아 놓기도 했다. 모두가 열심히 일했다. 본당 박문규(안드레아) 회장님은 당시 공화당 무진장 사무국장 직책을 맡아 정치문제로 나와 견해가 달랐지만 신자로서 본분을 다해주심에 감사드린다. 또한 영적으로 힘이 되어 주셨던 함연국(아오스딩) 회장님을 잊을 수가 없다. 지금은 두 분 다 작고하셨다. 주님! 그들에게 영원한 안식을 주소서. 아멘.

6. 한들공소 본당 승격

앞에서도 말했지만 공소가 많아서 한들에 성당을 분가하라는 교구 지침에 의해 사제관을 새로 증축하고 1978년에 한들 공소가

한들공소

본당으로 승격되었다. 첫 부임 신부는 지금은 작고하신 소순형 신부였다. 하지만 몇 년간 본당 신부가 있다가 다시 공소로 전락하고 말았다. 본당 승격 때 많은 도움을 주신 분들에게 감사를 드린다. 좋아라하던 그 모습도 눈에 선하다. 지금은 대부분 작고하신 분들이 많을 것이다. 주님! 그들에게 자비를 베풀어 주소서.

5월에는 성모상 앞에서 성모의 밤 행사도 해마다 했다.

생각해보면 사제 초년기라 경험도 부족하고 실수도 많았을 것이다. 그러나 신자들이 잘 보살펴주고 기도해주셔서 첫 본당의 소임을 무사히 마칠 수 있었다. 진안 본당은 내가 처음 사목을 시작한 나의 첫사랑이라고 말하고 싶다. 내 나이 30대 초반 겁 없이 주님을 좋아했었다. 하루하루가 참으로 행복했다. 아 나의 첫사랑 진안성당.

도와주신 신자들께 감사를 드린다. 하느님, 당신 제자가 첫발을 내디딘 이곳에 많은 사랑을 주심에 감사드립니다.

7. 외딴집

동네어귀
외딴집 한 채
뒤뜰엔 키 큰 포플러 나무 몇 그루
가을 어느 날 나뭇잎 떨어지고

바람불면 울어대는 외로운 나무다
작년에 까치가 집을 지었고
올봄엔 집을 수리하느라 요란스럽다
아래 마을에서도 토담집 고치는 소리에
외딴집은 외롭지 않다
까치가 이사 온 뒤로
이제는 외딴집이 아니다.

함열성당

함열성당 입구에서 어머니와 함께

함열신협 창립총회 인사말

제3장

1978년 함열본당 부임

1. 본당 현황

당시 함열본당은 좀 복잡했다. 내가 부임하기 직전 그곳에서 사목하시던 신부님께서 환속을 해서 바로 이웃에 중고등학교를 설립하였다. 그리고 많은 신자들이 친인척관계로 연결되어 있었다. 이런 복잡한 상황이었지만 그런 일에 휘말리지 않고 나는 사목에 전념하였다.

이때 환속한 신부님과 사모님께서 나의 사목 생활에 누를 끼치지 않기 위해 마음을 많이 써주셨다. 특히 사모님과는 대화뿐 아니라 서신까지 나누는 사이가 되었다. 행사 때에는 집에 초청해주시고 서로가 가까이 지냈다. 사모님은 그 학교 교장으로 계셔서 몇 년 전 까지는 전화 통화도 했는데 지금은 소식이 없어 궁금하다. 모두가 건강하시길 빈다.

함열에 올 때에는 30대 중반으로 두 번째 본당이었다. 어려운 본당이었지만 첫 본당 생활에서 얻은 경험을 바탕으로 내가 한번 정상으로 만들어 놓고 싶은 꿈도 있었다. 본당 현황을 알고 보니 냉담자도 많았지만 대체로 신자들은 열심이었고 젊은이들도 많았다. 주일학교 어린들도 많았고 선생님들도 열심히 일해 주었다. 한마디로 인적자원이 큰 재산이었다.

당시 본당은 침체되어 있었지만 가정방문과 구역미사로써 신자들과 빨리 가까워질 수가 있었고 본당은 제자리를 찾게 되어 매우 기뻤다. 나는 주일학교에 많은 관심을 두었으며 주일학교 선생님들과의 추억도 많다. 제주도, 홍도, 겨울 대천해수욕장, 수덕사 등등의 기차여행도 즐거웠다. 그때 그 친구들 많이 보고 싶다.

2. 보좌신부 부임

박병준 신부가 서품받고 첫 보좌신부로 함열에 왔다. 나와 같은 본당 출신이라서 내가 청하였다. 박 신부님은 근면하고 부지런한 성격이라 본당 사목에 큰 도움을 주었다. 본당이 어려울 때 나에게 힘을 보태준 협력자였다. 그리고 본당 젊은이들과 잘 어울리고 어린이들을 사랑하는 마음이 지극해서 인기가 좋았다. 이 자리를 빌려 수고했다는 말을 전하고 싶다. 신부님, 고마워요.

본당 사목회장 김종익(야고버)은 젊은이로서 본당 일을 잘 챙겨주었고, 석종훈(안드레아) 회장님은 영적으로 신자들에게도 많은 교훈을 주신 분이다. 생각해보면 좋은 기억만 있었던 행복한 사목 생활이었다.

3. 신용협동조합 설립

부임한 다음 해에는 본당에 신용협동조합을 설립하는 문제로 이웃 개신교와 경합을 하여 어려움도 많았지만 공존하는 방법으로 두 곳이 함께 인가를 받는 좋은 결과가 있었다.

나는 본당 신부라는 직책 때문에 초대 이사장직을 맡았다. 이런 인연으로 경제에 대해서 관심을 가졌고 신용협동조합 정신도 알게 되었다. 조합원 교육에도 힘을 보태 이사장직을 무사히 수행했다. 초창기라 부족함이 많았을 것으로 생각되지만 모든 분들의 도움에 감사를 드리고 싶다. 특히 이사진과 임직원 그리고 회원님들의 절대적인 협조로 생각보다 빨리 성장해서 그 이듬해 직원들과 이사진이 함께 제주도 여행을 떠난 일도 있다. 무궁한 발전을 빈다.

4. 피곤함도 잊은 사목생활

함열에서는 사목생활에 보람을 느낄 만큼 여유가 있었다. 두 번째 본당이었지만 젊음과 패기가 손과 발을 가만 두지 않았다. 신자들에게는 성령기도 꾸르실료 MBW 등 교구에서 하는 모든 교육에 적극 참여시켜 본당이 제자리를 잡아갔다. 가정방문, 구역모임, 공소방문 등, 열심히 살았다. 특히 한센병자 정착촌인 상지원 공소에는 한 달에 한 번씩 꼭 방문했다.

보좌신부가 떠나고 혼자 본당 신부를 할 때는 어떤 주일에는 미사를 5번이나 올렸다. 아침 6시 새벽미사, 9시 어린이미사, 11시 공식미사, 오후에는 공소미사가 주일 공식일정이었다. 봄이나 가을에는 혼인미사까지 겹치면 입에서 신내 나는 바쁜 하루였지만 피곤하다기보다는 사명감에 모든 것이 보람으로 행복했다. 이때에는 피곤이란 말을 해본 기억이 없다. 사목 그 자체가 나의 사목생활에 힘을 주는 은혜로 생각했다.

함열성당은 기차역과 좀 거리가 있기는 했지만 밤기차소리는 나의 감성을 자극할 때가 많았다. 그때 적어둔 것을 옮겨본다

겨울 기차는 떠난다

오늘은 내가 눈길을 걷는다.
발자국 하나둘 세며
뽀드득 뽀드득 소리 내며 눈길을 걷는다.

어느 간이역 대합실에 낡은 연탄난로

사람들이 옹기종기 모여 있다.
가는 사람 오는 사람 기다린 사람

기차는 잠시 플랫폼에 멈췄다가 떠난다.
가는 사람 가고 오는 사람 오는데
기다리는 사람만 아직 남아

떠나는 기차는 숨 가쁘게 달려갔고
눈 내리는 간이역 가로등은
펑펑 내리는 눈을 맞으며 중얼거렸다.
모두들 떠나는 것이여.

— (시집 『하루를 살아도』 중에서)

수녀에게 사과드립니다

나 사제생활 초년기
의욕만 앞서고 경험이 없을 때
하루가 짧다고 앞만 보고 달렸지
나 이런 모습에 반해
나의 사목에 힘을 실어준
동갑내기 수녀가 있었지요.

가냘픈 몸매 눈이 큰 겁 많은 수녀
강론 땐 고개 끄덕이며 용기를 주었고
내가 어려울 땐 앞장서서 잔풍도 막아주었지

성당과 사제관엔 꽃향기가 가득했고
때로는 사목생활 어려움도 위로하면서
그러던 어느 날
나 철없던 시절
한 여인을 편애하고 있었던 것

해서
수녀는 나에게 사랑의 충고를 했지만
나는 모자란 소견에 자존심이 상했고
질투한다고 오해했던 것이다.

결국
큰소리로 화를 냈고 상처를 주었지
아! 이 일을 어떡하나
세월 지나 생각해 보니 부끄러울 뿐

동갑내기 수녀님
지금 내 마음 헤아려 주실 수 있을는지요
사과드립니다.
건강하십시오.
1992년 5월

— (시집 『하루를 살아도』 중에서)

5. 자살 예방사건

어느 늦가을 밤이었다. 10시가 넘어 사제관 외등을 끄고 잠자리에 들려고 하는데 누군가가 현관문을 두드리는 소리가 들렸다. 불을 켜고 문을 열어보니 술에 취한 30대쯤 보이는 여자 한 사람이 신부님께 할 말이 있다면서 방문을 밀고 들어왔다. 나는 엉겁결에 사연을 물어볼 사이도 없이 그녀를 응접실로 맞아들이고 말았다. 그녀는 대뜸 하는 말이 어느 회사 비서실에 근무하는데 신부님께 할 말이 있어 찾아왔다는 것이다. 손에는 술병과 안주 봉지가 들려 있었다. 나는 당황하여 식은땀이 날 지경이었다.

사연을 들어본 즉 어려운 가정에 태어나 회사 비서실에서 근무하면서 가정을 돕다 보니 결혼 적령기를 넘긴 노처녀가 되었단다. 그런데 어쩌다가 남자 친구를 만나게 되었고 그와 혼인약속까지 했단다. 그때부터 그녀는 삶의 희망이 생겼고 그 사람을 일주일에 한 번씩 만나는 것이 행복했다고 한다. 그는 군인 장교인데 얼마 전 훈련 도중에 사고로 죽었단다. 그녀는 충격으로 삶의 희망을 잃고, 직장도 나가기가 싫고, 세상이 원망스러워 술로 괴로움을 달랠 수밖에 없었고 이런 나날의 고민 속에 세상을 살기보다는 죽음을 택하기로 했단다.

이런 생각을 정돈하고 마지막으로 자기의 사연을 누군가에게 말이라도 하고 싶어서 신부를 찾아오게 되었다는 것이다.

정말 긴장된 순간이었다. 나는 그녀의 긴장을 풀어주기 위해 가져온 술을 한 잔씩 하면서 말을 풀어가기로 했다. 그러던 중에 그녀는 무서운 이야기를 했다. 오늘 밤 삶의 대답을 얻지 못하면 죽어버리겠다고 술주정을 하였다. 이러는 사이 시간이 흘러 12시 통금 사이렌이 울렸다. 우리 어머니는 주무시기 전에 내 방의 불을 확인하고 주무시는데 내 방에서 밤늦게 여자 목소리가 들렸을 때 얼마나 마음 졸이셨을까?

바로 인터폰으로 사연을 물어오셨다. 간단하게 설명을 드렸을 때 나를 믿고 문을 열고 들어오지는 않으셨다. 이렇게 밤을 꼬박 새면서 나도 술이 취했다. 나는 취중에도 그녀에게 죽지 말고 살아보라는 약속을 받아냈다. 나는 그녀와 하룻밤 술친구가 되어주고 자살의지를 바꾸어 놓았다. 새벽 4시 통금시간이 풀려 그녀를 돌려보냈다. 너무 특이한 경험이라 지금까지도 잊지 않고 있다.

세월이 흘러 30년이 넘었는데 전주 우전성당에 있을 때 어느 날 전화가 왔다. 바로 그 여인의 목소리였다. 단번에 알아볼 수 있었다. 사연인즉 서점에 들렀다가 내 시집을 보았다면서 소식을 전했다. 반가웠다. 나와 동년배인데 지금쯤 건강하게 잘 사는지 모르겠다. 여하튼 나와의 약속을 지켜주심에 감사를 드린다. 기회 있으면 한번 만나보고 싶다. 살아주어서 고맙습니다.

고창성당에서 어머니와 우리 5남매

고창신협인 교육

제4장

1982년 고창성당으로 부임

1. 본당 현황

교구에 따라 다르지만 천주교 신부는 4년 만에 인사이동을 한다. 당시 고창성당은 교구 보조를 받는 경제자립이 어려운 본당이었다. 하지만 성당은 아담하고 가족적인 시골 분위기가 느껴졌다. 사제관 바로 옆에는 유치원이 있어서 아침에는 꼬맹이들이 손을 잡고 성당 마당에 들어서는 것을 보면 기분이 좋았다. 아래채에는 식당으로 어머니가 텃밭을 가꾸셨다. 신자들도 열심이었고, 공소가 몇 군데 있었는데 주일날 그곳에 가서 미사를 봉헌했다.

한센병 환자들이 모여 사는 동혜원이라는 공소가 있었는데 수녀님들이 상주해서 환자들을 잘 도와주고 있었다. 여기에도 한 달에 한 번씩 미사가 있었다. 이들은 주로 양돈을 했는데 여름에는 냄새가 대단했다.

고창성당

신부는 오고 가는 것이 본인 마음대로가 아니다. 장상의 뜻에 따라야 한다. 인간적으로 이곳에 왔을 때는 좀 섭섭했던 기억이 난다. 어리석은 생각이었다. 시간이 나면 모양성을 자주 가고 선운산은 즐겨 찾았다. 선운사 근처에는 풍천장어가 유명했는데 젊었을 때 어지간이나 들락거리며 술도 많이 마셨다.

성당에서 선운사까지는 사십 리 정도로 가깝지 않는 곳이다. 교통도 편리했던 때는 아니었다. 이곳에 오기 전 함열에 있을 때 운전면허를 취득했기에 이곳에 와서 처음으로 포니2 중고차를 구입했다. 당시만 해도 자동차가 흔한 때는 아니었다. 자동차를 가지고 보니 갈 곳이 많아져 심하게 돌아다녔다. 이렇게 살다 보니 1년이 지나고 고창에 정도 붙이고 신자들이나 사회 인사들과의 관계도 좋았다. 나는 여기서 처음으로 모양성터에서 국궁을 배웠다. 이곳에는 나이가 좀 드신 분들이 계셨지만 잘 어울려 지냈다. 시간

나면 자주 들르곤 했는데 여기서 알게 된 친구들이 영세를 받아 본당에 중책을 맡아 열심히 사는 모습이 좋았다. 이곳에 있을 때 건강을 챙기기 위해 국궁과 테니스는 계속했다.

2. 신용협동조합과의 인연

부임한 후 일 년이 지난 뒤 신용조합 이사장 선출 문제로 복잡한 문제가 생겼다. 현 이사장과 새로 출마할 분과의 지나친 경쟁으로 아무도 장담할 수 없는 상태에서 감정싸움으로 번졌다. 잘못하면 신협에 분열을 가져올 수 있는 심각한 분위기였다. 이때 이사들과 뜻있는 분들이 중재안을 내놓았다. 신부님을 추대하고 둘 다 출마를 포기하라는 내용이었다. 출마자들은 이 중재안을 받아들여 나를 추대했다. 나는 그들이 더 이상 감정싸움으로 번지지 않고 회원들의 갈림을 막기 위해서 추대에 의한 이사장직을 승낙하였다. 이렇게 해서 신용협동조합과 깊은 인연을 맺게 되었다. 불행하게도 당시 한국의 경제 분위기는 상당히 어려운 때였다. 그러나 조합원들의 협조로 위기를 잘 극복했다.

나는 조합원 교육을 통해서 신협을 지역사회에 적극 홍보했고 직원들에겐 매주 조회 때마다 격려와 용기를 주었다. 고창신협은 전북에서 10위 안에 드는 대형조합이 되었다. 임기를 마치고 차기 이사장이 정식 선출되어 이사장직에서 물러났다. 생각해 보면 본인의 의사와는 관계없이 함열에서 이사장을 했다는 이유로 이곳에서 중책을 맡다 보니 이제는 신협맨이 되어 버렸다. 후회는 없다. 대과 없이 일할 수 있도록 도와주신 모든 분들께 감사할 뿐이다. 본당 회장님이신 오성탁(토마스) 고창여고 교장 선생님은 연로하셨지만 본당 일을 많이 도와주셨다. 그리고 신협 초창기부터 고창신협에 공로가 크신 이면우(안드레아) 이사장님도 잊을 수 없다.

3. 교황대사(프란치스코 몬테리시 대주교) 고창성당 방문

– 고창 동혜원 나환자 정착촌 방문 차(1983년 9월 27일)

존경하옵는 주한 교황 대사님 그리고 박정일 주교님,

바쁘신 중에도 전주교구를 방문해 주시고 이곳 성당까지 들러 주심에 감사를 드립니다.

본 사제는 이곳 신자와 주민들을 대표해서 환영합니다.

본 고창성당은 지금으로부터 20년 전 건립되어 현재 신자 수는 본당 관할 내에 250여 명, 공소가 150여 명, 총 신자 수가 400명 정도입니다. 신부 1명, 전교수녀 1명, 유치원수녀 1명으로 작은 성당입니다. 그러나 대부분 열심히 신앙생활을 하여 은혜로이 살아가고 있습니다. 본 사제도 신자들과 함께 주님 보시기에 좋은 공동체가 될 수 있도록 기도하며 살고 있습니다.

한국 천주교 선교 200주년을 맞이하여 교황성하께서 내년에 한국을 방문해 주시겠다는 소식에 천주교 신자는 물론 믿지 않는 사람들까지 기뻐하고 있습니다. 교황님이 오시게 되면 냉담자들은 다시 신앙을 찾을 것이며, 믿지 않는 사람들도 교회를 찾게 될 것입니다. 그렇기 때문에 교황님의 한국 방문은 이 땅에 빛이 될 것입니다. 우리들의 마음이 교황님에게 전해졌으면 합니다.

교황 대사님을 이렇게 가까이에서 뵙게 되니 더욱 영광입니다. 왜냐하면 교황 대사님은 교황님의 파견자이시기 때문입니다. 이곳 산골까지 찾아주신 대사님을 영접하기 위해 평신도 대표와 이곳 기관장님께서도 시간을 내주셨습니다. 정말 고맙습니다.

교황 대사님의 오늘 하루의 일정이 시작에서 마치는 순간까지 주님의 도우심 속에 이루어지기를 바랍니다. 다시 한 번 감사의 말씀을 드리면서 이만 갈음하겠습니다.

4. 교황 요한 바오로 2세 한국방문

1984년 5월 3일 교황 바오로 2세께서 한국을 방문하셨다. 천주교회가 한국에 들어온 지 200년이 되는 해였다. 이날을 기념해서 4대 박해 때 치명순교하신 복자들과 한국 첫 사제이신 김대건(안드레아) 신부님을 비롯한 103분이 서울 여의도 광장에서 천주교 신자 백만 명이 지켜보는 가운데서 성인품에 오르는 영광이 있었다. 이때 전국에 있는 성당에서는 버스를 대절해서 상경했고, 행사

교황 요한 바오로2세

는 질서정연하게 잘 마무리되었다. 우리 고창 성당에서도 버스 3대로 상경하여 영광의 순간을 맛보았다.

교황 요한 바오로 2세가 교황으로선 첫 번째 방문이셨다. 많은 인상 깊은 순간들이 생각난다. 비행기 트랩에서 내리자마자 한국 땅에 입을 맞추는 사랑과 겸손을 보여 주셨다. 바쁜 일정에도 광주를 직접 방문하시어 민주화운동 희생자에게는 안식을 빌고, 상처받은 시민에게는 치유와 희망을 주셨다. 소록도 한센병 환자들을 방문하여 그들의 아픔을 직접 어루만져 주셨다.

특별히 분단의 아픔과 민주화를 향한 진통으로 신음하던 이 땅

위에 평화의 메시지를 주셨다. 평화의 사도 교황 바오로께서는 금년(2014년) 4월 27일 성인품에 오르셨습니다.

5. 프란치스코 교황 한국방문

프란치스코 교황님께서는 '일어나 비추어라.'(이사야 60.1)라는 주제로 한국을 방문해 주셨습니다. 한국교회는 1984년 103위의 시성식이 있은 지 30년이 지난 2014년 8월 124위의 순교자들의 시복식을 거행하는 축복이 있었습니다. 그리고 아시아 청년대회에서 만남과 폐회미사와 장애우들을 위한 꽃동네를 방문해 주시고 세월호 가족들에게 특별한 위로의 기도가 있었습니다. 또한 타 종교인들과의 만남과 수도자 평신도들까지 빠짐없이 챙겨주시며 노구에도 꽉 짜인 일정을 잘 마치셨습니다.

특별히 인상적인 것은 카퍼레이드 중에 어린이들을 보면 그냥 지나치지 않으시고 축복의 입맞춤을 해주시는 인자하신 할아버지의 모습에서 천사의 얼굴을 보았습니다. 그분의 천성적인 미소는 자체가 자비와 사랑을 보여주고도 남았습니다. 또한 분단된 우리 조국의 평화에도 기도해 주시며, 각별히 소외되고 가난한 자들에게 자비와 사랑의 실천을 강조하셨습니다. 교황님께서는 오늘날 물질만능주의를 경계하셨습니다. 물질은 축복이지만 나눔이 없는 물질은 축복이 아니라고도 하셨습니다.

교황 프란치스코

순교자들은 이미 하느님 나라에서 영광을 누리시는 분들이십니다. 우리도 선조들의 순교정신을 본받아 오늘의 어려운 신앙을 잘 지키고 하느님 나라의 복음 선포에 매진할 것을 다짐해봅니다. 나는 건강이 허락지 않아 교황님은 직접 뵙지 못하고 4일 동안 텔레비전 앞에서 감동의 순간들을 빠짐없이 보았습니다. 신부로서 교황님의 낮은 자의 자세로 봉사하라는 말씀에 많은 반성의 기회가 되었습니다. 30년 전 교황 요한 바오로2세께서 여의도 광장에서의 시성식의 추억을 떠올리며 하느님 백성으로서 또한 사제로 불리움 받은 것을 다시 한 번 감사드립니다.

교황님의 방문은 종교를 초월해서 국민 모두가 열렬히 환영해 주셨습니다. 이번 기회에 갈라진 교회가 일치하고 교회를 떠났던 자들이 다시 돌아와 일어나 세상을 비추는 축복의 기회가 되기를 기도해 봅니다.

프란치스코 교황님 감사합니다. 그리고 사랑합니다.

6. 준비된 마침

신부 생활을 하다 보면 여러 가지 신비스런 체험을 하게 된다. 고창성당에서 약 16km 떨어진 곳에 심원공소가 있다. 이곳에 70세 가량의 할머니가 계셨는데 손녀딸이 전주에서 학교를 다니게 되자 전주에 전세방을 얻어 손녀에게 밥을 해주게 되었다. 마침 주인집 아주머니가 성당에 다니는 분이라서 그분의 안내로 성당에 다니다가 마리아라는 세례명으로 세례를 받았다. 그 후 손녀딸이 서울로 대학을 가게 되자 할머니는 다시 고향집에 돌아와 사시게 되었다. 할머니는 주일이면 빠지지 않고 고창성당에 나오셨다. 하루는 할머니께서 내방에 찾아와서 고백성사를 받고 봉투 4개를 내놓으셨다.

사연인즉 하나는 조상님들을 위한 연령미사, 두 번째는 살아 있는 가족들을 위한 생미사, 세 번째는 당신을 아버지의 딸로 선택해 주신 감사미사, 마지막 네 번째로는 당신이 죽으면 장례미사를 해

달라는 내용이었다. 신부생활을 하는 중에 죽기 전에 장례미사 예물을 받아본 적은 처음이었다. 왜냐하면 가족 중에 천주교 신자가 없기 때문에 미리 준비한 것이라 했다. 나는 당신의 뜻대로 네 대의 미사예물을 받았다. 그 뒤 몇 주일 동안 할머니가 보이지 않아 알아보니 병환으로 누워 계시다는 말을 들었지만 나는 차일피일 미루다가 방문하지도 못했다. 수주일 지나서 돌아가셨다는 소식을 들었다. 게으름을 피우다가 위로의 말씀 한 마디도 못하고 할머니를 보내게 되어 지금도 미안하게 생각한다. 나는 바로 가정을 방문하여 상주에게 자상한 말씀을 드리고 장례미사를 봉헌해 드렸다. 마지막으로나마 약속을 지킨 셈이라 위안이 된다.

사람의 죽음은 누구도 언제 어떻게 올지 모른다고 하였다.(마르코복음 13장 32-33) "그날과 그 시간은 아무도 모른다. 하늘에 있는 천사들도 모르고 아들도 모르고 오직 아버지만 아신다. 그때가 언제 올지 모르니 조심해서 항상 깨어 있어라."

사람이 세상을 다 얻었다 하더라도 제 목숨 하나 얻지 못하면 무슨 소용이 있겠느냐고 했는데, 마리아 할머니의 죽음은 성서 말씀대로 잘 준비된 선종이라고 생각된다. 주여! 망자에게 영원한 안식을 주소서. 아멘.

7. 사제도 갱년기

사제로서 솔직한 고백 한 가지.

10년이면 강산도 변한다는 속담도 있듯이 신부생활 10년이 넘어서자 나에게도 심정의 변화가 왔다. 적절한 표현이 될지 모르겠으나 사제생활의 갱년기라고 할까? 무언가 새로운 삶의 변화가 필요했다. 당시 외국 나들이가 어려웠지만 일본 대만 홍콩 마카오에 다녀왔다. 처음으로 콧구멍에 바람을 쏘이고 보니 세상은 넓고 할 일은 많다는 말을 실감하게 되었다. 우물 안 개구리로 살다가 해외여행을 하면서 더 넓은 세상이 있다는 것에 호기심을 갖게 되었다. 그래서 주교님을 찾아 교포사목을 가고 싶다고 말씀드렸다. 그 이듬해 1986년 미국 죠지아주 애틀란타 교포사목을 가게 되었다.

고창성당은 나에게 사십 대 후반의 젊음을 불태웠던 촛불과 같은 시간들이었다. 시간 날 때마다 선운사에 자주 들러 추억도 많은 곳이다. 어머니와 함께 살면서 텃밭을 자주 들락거리며 어머니의 쫑그랭이 노릇을 했다. 지금 생각하면 텃밭에서 거둔 채소들이 건강식품이었다. 어머니 감사합니다.

선운사의 단풍

선운사 단풍은 소리가 크다
발자국 자국마다 바스락거린다
선운사 낙엽은 추억도 많다

눈비 내리고 바람 맞으며 기다려준
선운사 단풍은 립스틱보다 짙다
수줍음 모르고 짙게만 쳐바른다

낙엽 단풍 바람
그대는 나의 사랑하는
늦가을 선물입니다.

— (시집 『하루를 살아도』 중에서)

고창성당 50년사 축시

9대신부 서석구(사도요한)

하느님께서는 50년 전
세상 사람들이 눈길도 주지 않던
고창읍 읍내리 386-1에
주춧돌을 놓으시고 복음의 씨앗을 심었습니다.

어연 50년
주춧돌은 성전이 되었고
복음의 씨앗은 2000배의 열매로
눈물로 뿌린 씨가 기쁨으로 거두 었도다
한 알의 밀알이 30배 60배 100배의 열매를 주신다는 말씀
믿음으로 되돌려 받았나이다.

담쟁이 넝쿨이 한땀 한땀 짜깁기를 하여 집 한 채를 완성하듯이

거목 한 그루가 그늘을 주고 나그네가 쉬어가고 새들이 깃들이
듯이
50년의 역사 속에 생명의 물이 강물처럼 힘차게 흘렀나이다.

주님 감사합니다.
이곳에 희년을 주시어 사랑과 용서 자유와 평화의 축복을 주셨
나이다.

이제 100주년을 향한 힘찬 도약을 주소서
이곳에서 흘러나오는 찬양소리가
고창읍을 넘어 울려 퍼지게 하시고
강물 같은 사랑과 평화가 구름을 타고
신자들의 기도 소리가 하늘까지 오르게 하소서.

그동안 이곳에 머물고 간 성직자 수도자들에게도
착한 목자로 살게 하시고 양들에게 봉사자가 되게 하소서.
한때 저도 이곳에 몸 붙이고 살 때 행복 했습니다
착한 목자는 자기 양들을 위해 목숨을 바친다 하였으니
주님 말씀 명심 또 명심 하겠나이다.

사랑의 하느님
고창성당 공동체에 축복 허락 하시고
당신 따르는 양들을 푸른 물가로 인도하사
언제나 목마르지 않는 당신의 생명수를 마시는
영광과 사랑과 평화와 축복이 있게 하소서. 아멘

촛불

송별 골프게임

골프 카에서

애틀란타 송별회

미국 노스캐로나의 쉬가마운틴에서 스키

제5장

1986년 교포사목

막상 발령을 받고 낯선 이국땅에 간다는 일이 쉽지만은 않았다. 짐을 꾸리면서 두려움과 설렘이 교차되었다. 앞에서도 사제갱년기란 말을 했지만 어디론가 떠나고픈 호기심 이면에 두려움도 있었다.

석 달 만에 수속을 마치고 그해 봄에 비행기를 탔다. 애틀란타에는 직항이 없었기 때문에 LA에서 갈아타고 15시간에 걸쳐 도착했다. 본당신자들과 당시 상주했던 한봉섭 신부님도 나와서 맞이해주었다. 처음에는 긴장이 되고 시차도 있었지만 심하게 피곤함을 느끼지는 않았다.

1. 본당 현황

당시 한인교회는 성당 건물이 없었기 때문에 미국 성당을 사용했는데 한 달에 7백 불을 사용료로 지불했다. 주일미사 시간은 오후 1시에 있었다. 미사 참례 신자 수는 약 4백 명 정도였다. 미사가 끝나면 지하 휴게실에서 간단한 음식과 커피 타임이 있었다. 이때가 친교의 시간이었다. 친교가 3시쯤 끝나면 다른 주에 있는 공소에 가서 미사를 봉헌했다. 가까운 곳은 자동차로 3시간 동안 달려가서 고백성사와 미사를 봉헌해주고 집에 오면 밤 12시가 넘었다.

먼 곳은 비행기로 가서 하룻밤 자고 다음날 오는 곳도 있었다. 특히 기억에 남은 것은 알라버마주 버밍햄 공소다. 이곳에는 당시 한국금성전자 공장이 있었기 때문에 신자들이 많았다. 공소회장은 당시 NASA(미우주항공국)에 의사로 근무하는 이병갑 씨로서 대단한 열성으로 공소를 돌보고 계셨다. 사실은 대신학교까지 다니다가 중도에 신학교를 나오신 분이다. 언젠가는 술 한 잔을 하면서 아직도 신부의 꿈을 잊지 못한다는 이야기도 하셨다. 참 성실하고 고마우신 분이었다.

이때 애틀란타주에 자동차로 3시간 거리에 있는 어거스트와 콜럼버스 공소가 있었고 비행기로 다니는 플로리다주에 올랜드와 템파 노스캐롤나인에 살롯 공소도 다녔다. 어떤 때는 애리조나주에 피닉스란 군인 공동체도 방문해 주었다. 생각해 보면 바쁜 생활이 얼마나 행복했는지 모른다. 세월이 많이 흘렀지만 보고 싶은 얼굴들이 많다.

특히 국제결혼으로 할 말이 많았던 언니들의 말을 다 들어 주지 못하고 시간에 쫓겨 떠날 때가 마음이 아팠다. 지금 그들의 얼굴이 떠오른다. 한국의 불쌍한 딸들아, 굳세게 살아다오. 아! 보고 싶다. 주님! 그들을 축복해 주소서.

미국 본당 사제관에서 본당신부와 보좌신부 그리고 폴란드 신부 4명이 함께 살았다. 아침은 각자가 해결하고 점심과 저녁은 파출부가 와서 해주었지만 나는 양식이 맞지 않아 고생이 많았다. 신부들이 하루씩은 본당 일직을 했는데 수요일은 내 차례라 온종일 사제관에 있으면서 전화도 받고 찾아온 신자들에게 상담도 해주는 일을 했다. 말도 통하지 않는 나로서는 엄청난 스트레스였지만 젊음이 어려움을 해결해 주었다. 주님은 나에게 감당할 힘을 주셨다. 주님 감사합니다.

2. 사제관 구입

2년을 이렇게 살다가 어려움이 많아 성당 가까운 곳에 약 3천 평 정도의 땅을 구입했다. 주차장도 있고 평일미사와 소그룹 모임도 할 수 있는 상당히 큰 주택이었다. 이곳에 입주하면서 식당 주방인도 채용해서 식사 문제는 어려움이 없었다. 그리고 미국에서 학교를 나와 미국생활에 익숙한 한국인 수녀까지 두게 되어 본당 활성화에 보탬이 되었다. 한인 본당은 신자 수도 늘고, 각 신심단체 특별히 이때에 성령기도회는 본당에 많은 힘이 되었다. 성서

40주간을 시작하여 30여 명 정도가 종강식을 가지는 기쁨도 있었다. 사제관 구입으로 장소에 부담이 없어 소그룹 회합과 각종 모임이 주간 내내 멈추지 않았다.

3. 골프 시작

교포사목은 낮에는 신자들이 모두 일을 하기 때문에 만날 수 없다. 하루가 무료할 때가 많았다. 전순흥(요셉) 형제님께서 나에게 골프를 배워보라면서 골프채를 사주고 연습장에 등록까지 해주셨다. 이렇게 되어 처음으로 골프를 배우게 되었고 여유시간에는 필드까지 다니면서 골프에 푹 빠졌다. 다행히 본당에 남자 여자 청년팀이 있어서 주일날 공소 방문이 없는 날에는 꼭 참석해서 친교를 나누었다. 이러다 보니 어느새 나도 모르게 골프광이 되었다. 지금은 건강상 TV에서 나오는 프로골프를 보면서 대리만족을 하고 있다.

4. 구약과 신약의 성지순례

내 나이 40대 중반, 호기심 많고 꿈도 컸던 그 시절, 나는 가고 싶은 곳이면 어디나 가고, 하고 싶은 것은 다 체험한 시기였다고 생각된다. 당시 미주 한인교회는 성령기도가 뜨겁게 번지고 있었다. 특별히 미주한인천주교 성령지도신부였던 왕영수 신부님에게 감사를 드린다. 왕 신부님의 인솔 아래 미주한인 성령기도회팀 120명이 비행기를 전세 내서 구약의 시작인 이집트를 시작해서 신약의 예수님 죽음이 있었던 이스라엘 그리고 마지막 로마까지 7박 6일 동안 여행했던 성지순례를 잊을 수 없다. 이때 우리 본당에서도 많은 신자들이 참가했다. 이런 인연으로 나는 협조자로 미주 여러 곳을 다녔고 유럽과 남미와 중남미까지 다니면서 봉사했다. 그 덕분에 돈 안 들고 세계를 한 바퀴 돌아다녔다.

특히 남미 아르헨티나 성당 기도회는 대성황을 이루었다. 기도회 참석자만도 100명이 넘어 큰 은혜가 있었다. 기도회가 끝난 후 그 유명한 이과수폭포 투어는 잊을 수가 없다. 내가 학교에서 배울 때는 나이아가라가 세계 최고의 폭포라고 했는데 이곳에 와서 보니 그게 아니었다. 정말 말로 표현하기 어려울 정도로 웅장한 창조주의 걸작이었다.

5. 박정일 주교님과 멕시코 방문

이때쯤 정승현 신부가 멕시코에서 남미 선교를 위해 어학연수를 하고 있었다. 박정일 주교님이 교포사목 담당이기 때문에 우리 본당에도 들르고 멕시코 가시는 길에 동행하여 동창인 정승현 신부를 만났다. 덕분에 멕시코 아카폴코 해양지에서 해수욕도 즐겨

보고 유명한 유적지도 여러 군데 구경하였다. 애틀란타에는 주교님과 신부님들이 가끔씩 들러주셨다. 대전교구 경 주교님과 박정일 주교님은 골프를 좋아하셔서 오실 때마다 골프 대접은 필수 메뉴였다.

그곳에 있을 때 전주교구 김병엽 신부, 안용기 신부, 현유복 신부, 세 분이 찾아주셔서 함께 여행을 하며 즐거운 시간을 가졌다. 그리고 한기호 신부와 이순성 신부가 방문해 주었다. 동생 서석두도 방문해서 플로리다주에 있는 디즈니 월드와 그랜드캐니언과 나이아가라 폭포 LA에 있는 헐리우드 등 여러 곳을 여행했던 기억이 새롭다. 사제가 사목 이야기는 하지 않고 여행 이야기만 한다고 식상해할지 모르지만 이곳에 있다 보면 손님 대접도 사목의 일부이었다.

6. 창피했던 지퍼사건

북미주 교포사목 신부들은 1년에 한 번씩 총회가 있다. 1987년 총회는 캐나다에서 있었기 때문에 나는 VISA 문제로 시내에 있는 캐나다 영사관에 찾아갔다. 건물에 들어서자 긴장한 탓인지 화장실에 가고 싶었다. 볼일을 마친 뒤 7층에 있는 영사관에 가기 위해 승강기를 탔는데 오전 11시경이어서 이용하는 사람들이 많았다.

좀 창피한 이야기지만 나는 키가 작아 승강기에서 뒤쪽으로 밀렸다. 마침 내 앞에 50대쯤 보이는 원피스를 입은 여자가 서류가방을 들고 서 있었다. 승강기 문이 닫히고 올라가는 순간 또 긴장되어 화장실 생각이 나서 지퍼를 만져 보니 지퍼가 열려 있었다. 당황되었지만 눈치 채지 않게 지퍼를 제자리에 올려놓았다. 5층쯤 되어서 '땡' 하는 벨소리가 났고 내 앞에 있던 여자가 내릴 모양이었다. 그런데 사건은 여기서 벌어지고 말았다.

여자가 내리려고 하였으나 그 여자 원피스 뒷자락이 내 바지 지퍼에 물려 있어 나갈 수가 없었다. 정말 난감한 순간이었다. 지퍼를 내려 보았으나 옷에 끼여 움직이지 않았다. 어쩔 수 없이 그 여자의 옷 뒷자락을 잡고 따라 내릴 수밖에 없었다. 이 광경을 눈치 챈 사람도 있었을 것이다. 시쳇말로 미치고 환장할 지경이었다. 내가 당황하여 쩔쩔매고 있는데 그 여자는 침착하게 내 지퍼를 잘 내려 일이 해결되었다. 나는 식은땀이 나고 쥐구멍이라도 있으면 들어가고 싶은 심정이었다. 지금도 그 여인의 침착한 태도를 잊을 수가 없다. 그때 나는 사제복을 입고 있었다. 천주교 신부가 무슨 망신인가.

만약 이런 일이 한국에서 있었다면 따귀 한 대는 약과였을 것이다. 지금 생각해봐도 등골이 오싹해지는 수치심을 느낀다. 그 여인은 어쩌면 그렇게 침착하고 대담했을까. 지금 같으면 정식으로 사과라도 했을 텐데 그때에는 그런 여유가 없어서 자리만 피하고 싶었다. 나는 20년이 지난 일이지만 그 여인의 사려 깊은 배려에 감사함을 잊지 못한다. 역시 일등 국민은 다르다는 존경심이 생겼다.

그 뒤부터 원피스 입은 여자가 승강기에 오르면 지금도 긴장된다.

7. 애틀란타 한인교포, 조국 나환자돕기 음악의 밤

애틀란타 한인교포들은 오래전부터 조국에 있는 나환자를 돕기 위해 가을음악회를 열었다. 특히 종파를 떠나 천주교 개신교 불교에서 협조가 많았지만 주로 천주교회에서 일을 주관했다. 나는 1987년 10월 21일 밤 초청을 받아 인사말을 하는 영광을 누렸다. 아래에 소개하고자 한다.

이 자리에 함께하신 조국 나환자 돕기 가족 여러분!

그동안 안녕하셨습니까?

작년 이맘때 이 자리에서 인사말씀을 드린 바 있습니다만 오늘 이 자리에서 다시 뵙게 되니 정말 반갑습니다. 오늘 밤 우리는 조국에 있는 한센병 환자들을 돕기 위해 이 자리에 함께하고 계십니다. 참으로 뜻 깊은 자리가 아닐 수 없습니다.

사람은 누구나 언젠가 늙고 병들어 죽기 마련이지만 한평생 살아가는 동안에 건강한 삶을 살기란 쉬운 일이 아니라고 봅니다. 그런데 어쩌다가 한센병 환자가 되어 정신적 육체적 아픔은 물론이요, 이 사회로부터 격리되고 사랑하는 가족까지도 생이별을 해야 하는 그 고통은 인간으로서 감당하기 어려운 비극이 아닐 수 없을 것입니다. 오늘 우리는 이러한 고통 중에 있는 그들을 돕기 위해 이 자리에 함께하고 있습니다. 참으로 감사한 일입니다. 참으로 고마운 일입니다.

한번 생각해 보십시오. 남의 도움을 받아야 할 처지에 있는 사람과 남을 도울 수 있는 처지를 생각해 보신 적이 있습니까? 남을 도울 수 있다는 것은 축복이요, 은혜입니다.

오늘 이 자리에서 모금된 금액은 작은 정성이지만 조국에 있는 한센병자들에게 위로가 되었으면 합니다.

누가 말하기를 사랑은 나누면 커지고 슬픔은 나누면 작아진다고 했습니다. 10월이 지나고 11월이 오면 한국은 추위가 옵니다. 오늘 우리들의 정성이 조국의 한센병자들에게 올겨울을 나는 데 연탄 한 장의 따뜻한 도움이라도 되었으면 합니다.

존경하옵는 한센병 환자 돕기 가족 여러분!

이민 생활의 바쁘신 가운데 시간을 내서 이곳까지 참석해 주심에 다시 한 번 감사의 말씀을 드립니다. 그리고 이 자리를 통해서 기억해야 할 분이 계십니다. 한센병자 돕기 회장 직을 맡아 13년간이나 수고해주신 문병하(시몬) 회장님과 회원 모두에게 치하의 말씀을 드리고 싶습니다. 또한 오늘 이 자리를 빛낼 수 있도록 홍보해주신 각 신문사와 한미 방송국에서는 TV초대석까지 마련해 주셨습니다. 그리고 애틀란타 총영사관을 비롯하여 음악회를 담당해주신 송금섭 목사님과 오늘 이 자리를 빛내주기 위해서 특별 초청 손님으로 뉴욕에서 오신 소프라노 박정원님과 송경자님께 감사를 드립니다. 박수 한 번 주시지요.

존경하올 한센병 환자 돕기 가족 여러분!

오늘 이 자리에 함께하신 분들과 회원으로 협조해 주신 모든 분들 위에 하느님의 축복이 충만하시길 기원하면서 인사말에 갈음합니다. 감사합니다.

교포사목을 정리해보면 우물 안 개구리가 두 번째 세상을 구경하는 경험이라고 생각된다. 호기심 많고 건강했기 때문에 하고 싶은 일, 가고 싶은 곳, 마음 내키는 대로 실행했다. 그 어렵다는 영주권을 갖게 되어 세계 어디든지 다닐 수 있는 기회가 생기면 바쁘게 돌아다녔다. 생각해 보면 나에게 이런 기회란 하느님께서 특별 보너스를 주신 것이 아닌가 생각해본다. 이국땅에서 그 어렵다는 교포사목을 대과 없이 잘 마치고 돌아올 수 있도록 도와주신 주님의 은혜에 감사를 드린다. 또한 애틀란타 한인공동체에도 감사를 드리면서 주님의 축복이 그들 공동체에 함께하기를 기원한다. 내 청춘을 바치고도 아깝지 않았던 교포사목 정말 행복했다. 내 인생에 박수를 보내고 싶다. 축복이지요.

아틀란타 한인성당 30년사 헌시獻詩

– 서른 살 당신에게

제4대 서석구(사도요한) 신부

나이 서른 살
장년을 맞는 그대여
이국땅에서 비바람 피하지 않고
거목으로 자란 한 그루 상록수

지친 나그네가 쉬어가고
목마른 길손이 생수를 마시는
이곳이 주님의 목장이라네
양들에게 영광과 축복 있으소서.

사랑하는 나의 임
나도 한때 몸 붙여 살던 곳
지금 생각하면 행복했던 시절
아직도 그대는 내 사랑

건강한 서른 살 장년이여
불러만 보아도 태양처럼 빛나고
듣기만 하여도 강물처럼 신선한
아름다운 남쪽의 추억 아틀란타여

그대는 더 큰 나무로 성장하여

뿌리를 굳게 내리고 가지가 무성해서
새들이 노래하고 열매가 풍성하리.

눈물로써 뿌린 씨가
기쁨으로 거두리라 하신 말씀
주님 사랑 강물처럼 이루소서

아!
사랑하는 나의 임
아버지 그들에게 축복을
어머니 그들에게 사랑을
하느님 보우하사
아틀란타 한인천주교회 만세.

지리산 장터목

오죽

전주 화산동성당

제6장

1990년 전주 화산동성당 부임

1. 본당 현황

이곳 성당은 복자성당 일부와 우전성당 일부에서 분가한 신자들로 구성된 공동체였다.

성당은 교구에서 매입한 땅에 조립식으로 세우고 사제관은 성당 아래 빌라에 있었다. 신부가 되고 처음으로 사제관이 아닌 빌라에서 살다 보니 여러 가지로 불편했다. 조립식 성당은 1년 전에 지어서 초대신부로 김준호(십자가 바오로) 신부가 6개월 있다가 교구청으로 들어가고 내가 이곳에 왔다. 신자들은 김 신부님과 얼굴만 익히고 떠난 것이다.

신자들 분위기는 가족적이어서 좋았다. 신자가 적다 보니 몇 명만 빠져도 성당이 텅 빈 것 같았다. 이때 성당 부지를 정리하느라 경계 측량을 해서 동네 길을 막는데 마을 사람들과 다툼이 있었지만 축대를 쌓고 성당 터 경계옹벽을 쌓고 나서는 큰 무리는 없었다. 주교님이 사목 방문차 들러 격려의 말씀도 해주셨다. 처음엔 적응하느라 힘들었지만 주님 도우심으로 이곳 생활도 쏠쏠한 재미가 있었다. 신자들과의 대화, 가정방문 미사, 강론 때 귀를 기울여준 착한 신자들은 친교가 잘되고 나눔이 눈에 보였다. 이것이 작은 교회의 장점이었다. 나는 이곳에 있으면서 신부님들과의 골프 시간을 많이 가졌다. 지금은 고인이 되셨지만 당시 서학동에 살던 서석기 신부님과 자주 다녔다.

이곳에 있을 때 헤어졌던 어머님을 다시 모시고 살았다. 몸이 좀 불편하셨지만 함께해 주심만도 감사했다. 짧은 기간이었지만 신자들과의 친교는 잊을 수 없다. 이렇게 3년을 지내고 안식년을 얻어 미국으로 떠날 때 어머님은 장형이 모시게 되어 나와는 두 번째의 이별이었다. 이때까지만 해도 어머님은 건강하셔서 큰 걱정은 없었다.

초대사목회장이었던 박영근(공사가)님과 2대 한병갑(바오로) 교장선생님의 수고에 감사를 드린다. 세월이 지나고 보니 모두가 보고 싶다. 건강을 빕니다.

2. 정 때문에

신부생활을 하다 보면 10곳 이상의 본당을 옮겨 다닌다. 대개

머무는 기간은 4년 정도다. 이 정도의 기간이면 인간적인 정이 들게 마련이다. 특히 말동무가 없는 할머니들에게 신부는 대단한 존재다.

성당에 오고 갈 때 손 한 번 잡아주면 그렇게 좋아하실 수가 없다. 그래서 성당에 부임해 가면 가장 먼저 정을 주는 분은 할머니들이시다. 내가 미국 교포사목을 마치고 부임하기 5개월 전에 김준호 신부님이 조립식 성당을 짓고 교구인사발령으로 떠나게 되었다. 신자들과 정이 들어 재미있게 지내려고 하는데 떠나게 되었으니 섭섭할 수밖에 없었을 것이다.

이런 상황에서 내가 처음 부임하던 날 성당 현관에서 한복을 깨끗이 차려입은 할머니 한 분을 만났다. "할머니, 성당에 오십니까?" 인사를 드렸더니 나를 한 번 힐끔 쳐다보더니 "댁이 새로 오신 신부요?" 하고 물었다. "예. 그렇습니다." 하였더니 숨을 가쁘게 몰아쉬면서 실망하는 눈치로 "나 이제 정 안 줄껴." 하시면서 눈길 한 번 안 주시고 성당으로 들어가셨다.

전임신부와 헤어짐이 얼마나 아쉬웠으면 저리 서운했을까 생각하면서도 한편으로는 내가 전임 신부보다 외모가 딸리는 것은 사실이지만 이렇게 면전에서 소박맞는 일은 처음이었다.

그래서 처음 주일날 강론은 신경을 써 준비했다. 시작말로 "내가 할머니한테 소박을 맞았지만 나도 알고 보면 가슴이 뜨거운 남자랍니다." 라고 너스레를 떨며 긴장된 첫 만남을 풀어나갔다. 신자들의 긴장을 풀고 박수까지 받는 첫 강론이었다.

한 달 정도 지나서 정을 안 주겠다고 박대하던 할머니가 찾아오셨다. 할머니는 빙그레 웃으면서 "신부님, 저번에 서운하셨소? 그놈의 정이 무엇인지!" 하시면서 "나 떠난 신부 정 떼고, 서 신부한테 반해버렸어!" 하며 손을 잡아주셨다. 그렇다. 오고 가는 신부들에게 정을 주고받고 살아온 할머니의 심정을 이해할만하다. 그 뒤 할머니는 내가 보신탕을 좋아한다는 것을 알고 사제관 식당에 보신탕을 단골로 대주셨다.

세월이 흘러 본당을 떠나야 할 때가 되었다. 고별 강론을 마치고 현관문을 나서는데 한쪽 모퉁이에서 할머니가 홀로 서 계셨다. "할머니, 안녕히 계셔요." 하였더니 "그놈의 정이 무엇인지."라고 하면서 눈물을 훔치셨다. 나도 눈물이 핑 돌았다.(사랑은 눈물의 씨앗인가봐.)

몇 년 전에 선종하셨다는 말을 들었다. 할머니! 나도 할머니를 많이 좋아했습니다. 주님! 그에게 영원한 안식을 주소서. 아멘.

3. 손을 잡으면

한손을 잡으면
따뜻한 체온을 느끼고요
두손을 잡으면 허물이 없어지고요
포옹을 하면 용서가 있답니다

그리고

고맙습니다 한마디에

마음이 열려지고요

수고했어요 한마디에

마음이 가벼워지고요

감사합니다 한마디에

마음이 채워집니다

사랑합니다 한마디에

세상은 하나가 된답니다

우리 모두가

그 주인공이 되었으면 좋겠습니다

4. 부인이 생겼다면서요

「나는 부인을 갖고 싶다」

어느 삼복더위에

친구에게 농담으로 한 말

말이 씨가 된다더니

정말 그렇게 되었답니다

신부가 부인이 생겼다는 소문에
신자들이 눈에 쌍날을 세우고
우르르 몰려와 따졌겠지요

신부님
부인이 생겼다면서요
예. 그렇게 되었습니다
정말입니까?
그렇습니다.

지금 어디에 있습니까?
안방에 들어가 보시오
우르르 몰려가더니

신부님은 장난이 너무 심하셔
침대 위에 죽竹부인이.

안식년 때 미국 텍사스주 엘파소 백사장에서

엘파소공소 신자들과 함께

제7장

미국 엘파소 안식년

1. 엘파소 소개

나는 화산동 성당에서 3년을 살다가 1994년 안식년을 신청해서 두 번째로 해외생활을 시작했다. 안식년 기간은 1년으로 조건은 어학연수와 휴식이었다. 신부는 10년이 넘으면 안식년을 신청할 수 있다. 교회법에도 교구지침에도 명기되어 있기 때문에 특별한 경우가 아니면 허락한다. 내가 안식년을 할 때에는 초창기였기 때문에 교구청과의 관계가 좀 복잡한 일도 있었지만 결과는 내 뜻대로 잘 이루어졌다.

엘파소는 텍사스주 서남쪽 멕시코와 국경지대로서 작은 군사도시였다. 교민들은 주로 군인가족이 많았다. 그리고 멕시코와 경계지역이기 때문에 멕시코 사람들을 상대로 한 비즈니스 교민도 있었다. 지리적으로는 모래와 바람이 많은 사막도시였다. 차를 타고 1~2시간 달려가야 산의 숲을 볼 수 있었다. 낮에는 40도가 넘는 더위지만 습도가 낮기 때문에 그늘에만 들어가면 견딜만했다.

나는 이곳 한인공동체에서 주일날 미사를 봉헌해주고 그곳 공동체에서 마련해준 사제관과 자동차를 이용하였고 식사는 신자들이 당번제로 도와주어서 불편함이 없었다. 그때에 수고해주신 어머니들에게 감사를 드린다. 그리고 내 선임자로 사목했던 마산교구 사바 신부에게도 감사를 드린다. 내가 거주할 수 있도록 많이 배려해 주셨기 때문이다. 이런 덕택으로 나는 오전에 이곳 주립대학에서 1년간 어학연수를 했다. 이때에 맥시코 중국 남미 학생들과 만남은 새로운 세상과 만나는 좋은 기회였다. 특별히 어학 선생님이 나는 나이가 많다고 성적이 좀 부족했지만 넘어가 주었다. 이렇게 열심히 배워봤지만 나는 이쪽에는 소질이 없나 보다. 지금도 영어소통이 신통치 않아 부끄럽게 생각하고 있다. 하루가 단순했지만 지금 뒤돌아보니 특별한 체험을 할 수 있어 감사하다.

집 가까운 곳에 동네 골프장이 있어서 오후에는 그곳에서 살았다. 일 년에 천 불만 내면 회원으로 매일 골프를 칠 수 있었다. 이곳에서 만난 동네 친구들과도 우정을 쌓는 좋은 시간들이었다. 사제관 옆집에는 6·25참전 용사가 살았는데 나에게 친절하게 대해주었고 한국전쟁 당시 이야기를 들려주며 형님처럼 가깝게 지냈다. 그 집 뒤뜰에는 수영장이 있었고 가끔씩 저녁 초대 때 수영장 옆에서 직접 구워 만든 독일식 소시지 파티는 정말 일품이었다. 그때 친절에 감사를 드린다. 지금은 세상을 떠났을 것이다. 주여!

그에게 안식을 주소서. 아멘.

2. 남미 아르헨티나 2차 방문

남미 아르헨티나에서 교포사목을 하고 있던 박종상 신부가 교통사고를 당해 미사를 드려달라고 소식이 왔다. 이곳 공동체에 양해를 구하고 2주간 그곳에 가서 생활하면서 이과수폭포를 두 번째 구경하는 횡재를 맛보았다. 아르헨티나 한인교회는 큰 공동체였다. 2주 동안 머물면서 신자들의 배려로 좋은 곳을 구경했다. 이곳 교민들은 처음에 농업이민으로 왔다가 직업을 바꿔 보따리 직물상으로 출발해서 지금은 이곳 시장에서 직물업계를 잡고 있다. 특히 의류 패션은 한국거리가 따로 있을 만큼 선두주자로 우뚝 서 있었다. 교민들의 자부심도 대단했다. 성공하여 자녀들은 미국으로 유학을 보낸 교민들이 많았다. 한국사람들은 생활력이 강해서 어디를 가나 살아남는 일등 국민이다. 대한민국 만세!

3. 이산가족 상봉

앞서 애틀란타에서 교포사목을 하고 있을 때 미주 성령묵상회 팀과 아르헨티나에 간 일을 소개한 바 있다. 이때에 있었던 보람된 사건 하나를 적어본다.

묵상회 마지막 날 상담 때 한 여인과의 사연이다. 내용인즉 그녀는 10년 전에 미국 애틀란타로 이민을 와서 열심히 살았는데 일에 바쁘다 보니 사춘기 때 아들을 제대로 보살피지 못해 아들이 가출을 하고 말았단다. 그 후 다시 아르헨티나로 삶의 자리를 옮기면서 가출한 아들을 찾지 못하고 그대로 왔다는 것이다. 이렇게 10년이 흘러 자리도 잡히고 지금은 부족함이 없지만 아들 문제로 마음 편할 날이 없었다고 눈물 어린 하소연을 하였다.

이국에까지 와서 가족이별이라니 그 삶이 녹록지 않았음을 짐작할 수 있었다. 이런 사연을 듣고 나는 애틀란타에 가면 한번 찾아보겠다는 약속을 하고 아들 이름과 나이 그리고 참고 될 만한 정보를 가지고 돌아왔다. 한동안 이 일을 잊고 있었는데 몇 달 후에 아르헨티나에서 전화가 왔다. 궁금해서 올리는 전화라고 했다. 나는 미안한 생각이 들어 바로 애틀란타 교민소식지와 한미방송 그리고 성당 주보와 애틀란타 개신교에 협조 요청을 했다.

소식이 나간 뒤 약 2개월 만에 아들한테서 연락이 왔다. 나는 바로 부모에게 아들을 찾았다는 소식과 함께 그의 주소와 전화번호를 전해 주었다. 이렇게 되어 헤어진 지 10년 만에 아들 상봉이 이루어졌다.

내가 두 번째로 아르헨티나에 갔을 때 아들 상봉을 해주었다는 일로 그 가정에 초청을 받아 후한 대접을 받았다. 그 후로 나도 잊고 살았는데 자서전을 쓰다 보니 문득 기억이 떠올라 소개해 본다. 하느님 감사합니다. 그 가정을 축복해 주옵소서. 아멘.

4. 다시 찾고 싶은 알래스카

나는 1994년 안식년을 미국 엘파소에서 지낸 후 귀국을 두 달 남겨두고 알래스카를 여행했다. 지금으로부터 15년이 넘는 이야기다. 이곳은 미국이 구소련에서 영토를 사들인 곳으로 미국에서 가장 큰 주다. 크기는 우리나라 5배가 넘는다. 아직도 인간의 손이 닿지 않은 신비스런 땅으로 남아 있다.

내가 갈 때는 9월경이었다. 이때는 백야라고 해서 밤 10시경에 해가 지고 아침 5시면 해가 떴다. 특별한 체험이었다. 여행은 패키지로 3박 4일 한국관광객들과 함께했다. 이곳은 추운 겨울이 오래 지속되고 여름이 되면 얼음이 녹아내려 습지와 호수가 많았다. 그래서 여유 있는 사람들은 경비행기로 출퇴근을 하는데 땅과 호수 그리고 얼음 위에 내릴 수 있도록 특수 제작한 다용도 경비행기가 많았다.

우리 일행은 버스로 여행했는데 TV에서 보는 그대로 길거리에서는 야생동물들과 강가에서는 연어를 잡는 낚시꾼을 자연스럽게 볼 수 있었다. 또 크루즈여행으로 1시간쯤 나가면 고래와 바다 동식물들을 볼 수 있었고, 멀리서 빙산이 녹아내리는 광경도 장관이었다. 약 2㎞ 떨어진 곳까지 파도가 출렁거렸고 빙산 조각들은 작은 섬처럼 떠 있었다. 그 위에서 한가로이 일광욕을 하는 바다동물들의 모습은 자연 그대로의 모습이어서 참 좋았다.

인상 깊었던 곳은 맥캔리산이다. 북미주에서 제일 높은 산

6,914m의 천년설로 여기에는 경비행기로 산 중턱에 가서 눈 위에 착륙했다. 약 10분 정도 구경하며 사진도 찍고, 다시 이륙하여 약 30분 정도 산 계곡을 돌며 기장이 자세한 설명을 해주었다. 나는 여러 곳을 여행해 보았지만 이곳은 다시 찾고 싶을 정도로 매력적인 곳이었다. 투어를 마치고 비행장 입구를 나오는 순간 몇 년 전 이 산을 등반하다가 숨진 고상돈 대원의 묘비를 보았다. 이국땅에서 숨진 그 모습에 마음이 울컥했다. 묘비를 뒤로하고 내려오면서 그의 명복을 빌었다.

'I love Mackinley Mt.' 그곳에 다시 가고 싶다.

5. 미국 영주권 반납

미국 애틀란타에 있을 때 운 좋게도 2년 만에 미국영주권을 얻었다. 미국에 있다 보면 다른 나라를 자주 방문하게 되는데 영주권이 없으면 그때마다 비자신청을 해야 하기 때문에 여간 불편한 것이 아니었다. 그리고 의료서비스 등 미국사회의 사회보장제도의 혜택을 받지 못한다. 영주권이 있으면 미국 시민과 같이 이런 혜택을 받을 수 있다. 그래서 어렵게 영주권을 받아서 미국에 있을 때는 불편함이 없이 지냈다. 그런데 영주권자는 1년 이상 미국 땅을 떠나 있으면 안 되었다. 1년에 한 번씩은 미국을 방문한 기록이 있어야 한다. 나는 귀국하고 나서 두 번인가 미국에 갈 일이 있어서 영주권을 유지하고 있었지만 그 후로는 부담스러워 영주권을 대사관에 반납해 버렸다.

지금도 어떤 사람들은 영주권 때문에 미국을 정기 방문하고 있다. 신문에 보면 사회 지도급 인사들이 영주권 문제로 입에 오르내리는 것을 보면 아직도 사대주의 사상에서 자유롭지 못함이 아쉬움으로 남는다. 버릴 것은 버려라. 대한민국도 살기 좋은 나라다. 조국을 두고 뭐가 불안해서 할 일 없이 외화를 써가며 그렇게 집착하는가. 영주권이나 시민권은 현지에 있을 때 필요할 뿐이다. 신문에 보면 출산여행이란 말을 볼 때마다 마음이 괴롭다. 차라리 이민을 가면 어떨까요. 조국이 싫으면 양다리 걸치지 말고 아주 떠나시면 어떨까요?

안부를 물으며

밤이 낮에게 묻는 답니다
새벽이 언제 오냐고

낮이 밤에게 묻는 답니다
서녘이 언제 오냐고

낮과 밤은
하루도 거르지 않고
서로 안부를 묻고 삽니다

나도 이런 인연 하나 만나
안부를 물으며 살고 싶네요

추암촛대바위

김제 신풍성당

모악산 대원사 돌담에서

제8장

1995년 김제 신풍성당 부임

1. 본당 현황

1년간 안식년을 마치고 김제 신풍성당으로 부임했다. 이곳은 내가 사목하기에는 부담이 없는 곳이었다. 성당도 크지 않았고 수녀가 있어서 본당 분위기가 좋았다.

신자들은 대부분이 나이 드신 분들이라 별다른 활동은 없었지만 레지오 마리에 활동은 성적이 좋은 편이었다. 주일학교도 괜찮은 편이었고 주일미사나 매일미사에 나오는 신자는 열심한 노인들이 많았다. 나는 매일 강론을 통해서 이들에게 하느님의 사랑과 자비를 전해주려고 노력했으나 도움이 되었는지 모르겠다. 여기서도 할머니들에게는 인기가 좋았다. 어르신들과 회합이 끝나면 노래방에 가서 흘러간 노래를 부르며 추억도 만들었다.

2. 컴맹 탈출

이곳에서 처음으로 컴퓨터를 배웠다. 매일 아침 미사에 나오는 유미숙(실비아)님이 컴퓨터 학원을 운영하여 부탁을 하자 가르쳐 주셨다. 타자는 학교 다닐 때부터 했기 때문에 문제가 없는데 편집하는 것은 전혀 초보였다. 이때부터 그전 써놓은 글도 저장해보고 다른 것도 배우면서 컴맹을 탈출했다. 이때 배운 컴퓨터 때문에 몇 권의 글을 쓸 수 있었고 지금 이 글도 컴퓨터 덕분에 쓸 수 있다. 실비아 자매님, 고마워요. 하루 중 컴퓨터와 함께하는 시간이 제일 많다. 지금 나의 컴퓨터 수준은 워드를 저장하고 이메일을 주고받으며 알고 싶은 정보를 얻는 정도다. 컴퓨터는 나의 안방친구가 되었다. 참 좋은 친구다. 고맙다.

3. 취미생활

이곳에 있으면서 나이 드신 어르신들과 고창에서 배운 국궁을 하면서 친분을 쌓았다. 아침운동으로 공설운동장에서 조깅하며 건강도 챙겼다. 겨울에는 무주로 스키를 타러 다니고, 골프는 가까운 태인으로 자주 나갔다.

김제는 평야지라서 산이 없다. 그래서 원평 쪽으로 나가 등산도 하고 가까운 부안해변과 심포항을 자주 찾았다. 손님이 오면 주로 심포항을 찾았다. 그곳은 망해사가 있어서 해 지는 저녁노을이 장관이었으며 횟집도 있어서 자주 들렀다. 여름에는 이곳에서 일광욕을 즐겼다. 갯벌이 있어서 조개구이집이 일품이었다.

그리고 잠깐이기는 했지만 지인이 심포항 가는 길에서 사설 승마장을 했기 때문에 그 인연으로 몇 달간 승마도 배웠다. 처음에는 무섭고 두려웠지만 말과의 교감을 위해 당근 깨나 사들고 다녔다. 한 가지 유감스러웠던 점은 신장의 열세로 말에 오르내리는 것에 애로가 많았다. 그래서 말 타는 발판을 만들기도 했다. 기념으로 승마화와 모자를 보관하다가 얼마 전 버리고 말았다. 젊었을 때의 호기심과 용기는 못 말리는 사람이었다. 그래서 운동치고는 안 해 본 것이 없다. 수영은 여러 번 시도해 보았지만 아직까지 물에 들어가면 맥주병이다. 그래도 건강을 위해 내년 봄부터는 다시 시작해 볼 생각이다.

4. 이층 사제관 올림

기존 사제관이 좁아서 옥상에다 사제관을 올렸는데 아담하고 경치가 좋았다. 아침에 일어나 커튼을 젖히면 모악산에서 뜨는 아침 태양이 나를 반가이 맞아주었다. 여기에 모닝커피 한 잔의 맛은 잊을 수가 없다. 옥상 사제관에서 맞은편에 멋쟁이 은행나무 한 그루가 서 있어 운치를 더해 주었다.

은행잎이 질 무렵

우리 집 뜰엔
이층집 난간에서 손을 내밀면 달락말락한 자리에
멋쟁이 은행나무 한 그루가 있다
창문을 열면 가장 먼저 보이는 친구다.

11월 초순
잎 언저리부터 노랗게 물이 들더니
입동이 지나고 서리가 내렸다
바람 스칠 때마다 우수수
가을비 올 때마다 우수수
한밤 자고 나니 우수수.

이 가을에 유채밭이 웬말
비질을 할까 말까
은행잎은 낙엽이 아니라 물감이다.

오늘 가을 남자는
노랑 은행잎을 밟으며
덕수궁 돌담길을 부러워하지 않는다.

– (시집 『하루를 살아도』 중에서)

5. 수녀원 입회

이곳에 있을 때 수녀원에 3명이 입회해서 지금 잘 살고 있으며 일년에 한 번 정도는 소식을 전하고 있다. 한 수녀는 세월이 지난 지금까지 이메일로 안부를 전해준다. 그런데 유감스럽게도 한 명의 수녀는 몇 년 전 하늘나라로 갔다. 주여! 그에게 안식을 주소서. 아멘.

신풍성당은 안식년을 마치고 영육 간에 휴식을 취하면서 재충전을 한 곳이다. 그래서 그런지 마음의 여유도 있었고 본당 신자들과의 관계도 좋았다. 여러 사람과 어울리지 못하는 성격 탓으로 조용하고 혼자인 것이 더 편했다. 혼자 등산도 가고, 늦여름에는 해변가에서 일광욕을 하는 기쁨도 있었다. 피부도 건강해지고 기운이 충전되기 때문에 몇 해 전까지 일광욕을 했다. 이곳에서 좋은 신자들을 만나 행복했다. 특별히 허성욱(요셉) 본당 회장님의 헌신적인 봉사에 깊은 감사를 드린다. 신풍성당 신자들의 영육 간의 축복을 기원한다.

6. 부처님 오신 날에

서울 도봉산 입구에 천주교 성당이 있었고 그 안쪽에는 사찰이 있었다. 어느 해 성탄절에 사찰에서 '예수 탄생을 축하합니다.'라는 커다란 현수막을 걸었단다. 이것을 보고 절에 다니는 신자들은 의아하게 생각하였다. 그러나 그 일에 대해서 아무도 불편하게 생각하거나 이의를 제기하는 사람은 아무도 없었다고 한다.

이 소식이 성당 신부에게 알려지자 신부님은 사찰 스님에게 감사 인사를 전했다. 그리고 그 다음해 석가탄신일에는 성당 정문에 '부처님 오신 날을 축하드립니다.'라는 현수막을 걸었다.

이렇게 해 이곳을 오가는 사람들은 모두가 종파를 초월한 기쁨을 느낄 수 있었다고 한다. 그렇다. 내 종교가 소중하고 귀하면 다른 종교도 소중하고 귀한 것이다. 그런데 때로는 종교나 종파가 다르다고 해서 서로 비방하고 배타시한다면 이것은 믿는 사람들로서 올바른 태도가 아니다. 종교는 인류의 공통선인 진리와 평화를 그리고 사랑과 자비를 인류에게 베풀어 주는 빛과 소금이 되어야 한다. 그러기 위해서는 서로가 상대방의 좋은 점을 인정해주고 사랑으로 용서하고 자비로 감싸줄 때 그곳에 하늘나라도 극락세계도 있는 게 아닐까?

전주 우전성당

출판기념식

25주년 은경축 케이크 촛불컷
우측으로부터 박영근 당회장, 서석구 신부, 정승현 신부, 총무 강인성

춘란

우전성당 25주년 미사

제9장

1998년 전주 우전성당 부임

1. 본당 현황

우전성당은 내부 건물 평수로는 전주에서 제일 큰 성당으로 전임 김순태(요셉) 신부님이 의욕적으로 건축한 성당이었다. 그러나 당시 사회 전반적으로 경제가 좋지 않았다. 불행하게도 IMF(국제구조금융) 시기를 맞으면서 빚이 많이 있어 인계인수를 받으면서 매우 부담스러웠다.

하지만 후임자는 걱정하기보다는 해결책을 세우는 것이 현명한 일이라고 생각되어 부임 2주일째 주일날 전 신자들에게 본당 현황을 보고했고, 본당총회를 열어 대안을 주문했다. 한편 사목회나 각 신심단체는 나름대로 노력하여 바자회를 열기도 했다. 수입이 될 만한 일은 모두 했다. 그리고 강론 때마다 '십시일반' '열 사람이 밥 한 술을 보태면 밥 한 그릇이 된다.'는 말과 '콩 한 조각 삼 형제

나눈다.' 는 우리 어머니 가르침을 소개함으로써 이곳에서 큰 효과를 보았다.

당시 교구성령대회는 매년 이곳에서 열렸다. 왜냐하면 많은 사람이 참석할 수 있는 자리가 준비되었기 때문이다. 위층 성가대까지 합치면 천 명 이상은 수용할 수 있었다. 그리고 이웃 아파트 주차공간도 도움이 되었다. 이렇듯 우전성당은 교구 큰 행사로 바쁘게 돌아갔다. 그만큼 할 일이 많았던 시절이어서 행복했다. 하느님의 축복이라고 생각하면 잊을 수가 없다.

2. 선교활동 성황

당시 우전성당은 주위에 아파트들이 들어서면서 전주시내에서도 제일 활발하게 발전한 곳이었다. 성당도 이때에 완공되어 주위는 좀 어수선했지만 사람들이 많이 오갔다. 성당은 새로 이사 온 신자들이 많았고, 주일마다 새 신자 소개로 성당은 활기가 넘쳤다. 나는 이 기회를 놓치지 않고 가두선교를 하기로 결심했다. 먼저 대구교구 이판석(요셉) 한국천주교 가두선교 지도신부님을 초청해서 본당 전 신자에게 가두선교 교육을 시켰다. 그리고 다음 단계로는 전단지를 예쁘게 만들어 아파트 입구와 승강기 안에도 보일 만한 곳이면 모두 붙였다. 그리고 3인 1조가 되어 선교구호 어깨띠를 메고 소책자와 간단한 본당 소개서와 입회서를 만들어 거리에 나가 선교를 했다.

첫날은 모두 쑥스러워했지만 나도 어깨띠를 하고 가두선교를 독려하기 위해 적극 동참했다. 오후에 모여 경과보고를 받으니 성과가 있었다. 특별한 것은 그동안 냉담자들이 이 모습에 감동을 받아 성당을 다시 찾았고, 새로 신입한 예비신자들이 일 년에 백 명이 넘었다. 깊은 곳에 그물을 치라는 예수님 말씀처럼 많은 고기가 올라왔다.

이때에 6반으로 나누어 교리반이 있었는데 교리교사로 수고해 주신 유병환(요아킴) 교장 선생님, 이종상(아오스딩) 교장 선생님, 김낙완(바오로) 교장 선생님, 정성규(마르티노) 약사님, 보좌신부님, 수녀님팀이 교리를 맡아 정말 수고가 많으셨다. 수강생도 넘쳐났고 교사진도 일류급이었다. 그래서 성탄 전 12월 영세식에는 1년에 백 명 이상이 되었다. 4년 동안 약 5백 명 정도가 하느님 자녀로 태어나는 기쁨과 축복이 있었다. 세월이 흘렀지만 그때의 하느님의 은혜와 축복을 생각하면 눈물이 난다. 축복이로다. 우전성당 만세입니다.

3. 전주 풍남제 음식 코너

전주 풍남제 때 부스 한 곳을 얻어 1주일 동안 신자들이 음식을 해서 나르던 일이 생각난다. 여러 코너 중에서 우리 음식점이 손님이 제일 많았다. 푸짐하고 맛이 일품이었기 때문이다. 보좌신부는 설거지를, 수녀는 계산대에서, 나는 밖에서 손님맞이에 하루를 보냈다. 그때 수고해주신 봉사자분들께 고마움을 전한다.

이렇게 일을 고단하게 하면서 서로의 친교는 돈독해졌고 모두가 본당 일에 협조하기 시작했다. 신자들은 돈이 될 만한 일이라면 무엇이든지 하면서 본당 건축비 부채 해결에 힘을 보탰다. 나는 주일마다 수입을 공개했고, 부채 잔액이 줄어드는 것도 주보를 통해서 투명하게 공개했다. 풍남제 때 기대만큼의 수입은 없었지만 본당 친교는 기대 이상이었다. 수고해 주신 모든 분들께 감사드리고 싶다. 음식 맛도 일품이었다. 고마웠어요.

4. 본당 장례식장 운영

본당 안에 장례식장이 있었다. 이것 때문에 이웃 아파트에서 민원이 들어와 어려움이 많았다. 그도 그럴 것이 주차문제와 소음으로 시달렸음을 충분히 알고 있기 때문에 이웃에게 협조를 구하면서 운영은 계속되었다. 이곳에서도 상당한 수입을 얻어 본당 건축부채를 상환하는 데 일조했다. 이때 봉사해주신 많은 분들에게 감사를 드린다. 그리고 이웃 아파트 주민들에게 여러 가지 불편함이 있었는데도 협조해 주셔서 다시 한 번 감사를 드린다. 이러한 노력으로 3년 안에 8억 원이 넘는 부채를 해결했다. 본당은 그런대로 잘 운영되었다. 그 대신 교구비가 밀려 교구에는 양해를 구하니 기다려 주었다. 주방에서 수고해 주신 어머님들과 장례예식을 준비하고 장지까지 함께해주신 애령회 회원님들의 수고에 감사의 말씀을 드린다. 주여! 그들의 수고에 하늘나라의 보상을 주소서. 아멘.

5. 2000년 대희년 건축비 탕감

신자들 중에서 신축헌금 때문에 성당에 나오기가 어렵다는 말을 듣고 마음이 아팠다. 마침 2000년 희년을 맞이해서 건축비 미납자는 탕감하겠다는 공지를 하고 미납자 문서를 폐기해버렸다. 그런데 이상하게도 그달부터 미납금이 더 많이 들어오는 효과가 있었다. 아직도 한국 신자들의 신앙심에는 이상이 없다. 기쁨이 두 배로 돌아왔다. 감사를 드린다. 주님, 아름다운 이들의 마음에 천상의 기쁨으로 채워주소서. 그리고 표시나지 않게 수고해주신 본당 사무장 권현주(마지아), 강경님(글라라)님의 노고도 잊을 수 없다. 이 두 분은 초창기부터 본당 살림을 맡아주신 분으로 신자들에게 믿음과 신뢰가 있는 분이다. 우전성당 보물이지요. 고마워요. 그리고 건축위원장을 맡으셨던 엄익도(시몬) 회장님의 수고에도 감사드린다.

6. 우전신협 대건신협에 통합

어려움도 있었다. 본당 신용협동조합이 경영 악화로 신협중앙회로부터 폐업신청을 하라는 압력을 받았다. 마침 IMF 때라 정말로 힘들었다. 나는 시내에 있는 큰 조합에 합병하는 것을 제안하였지만 재정난이 부실한 조합을 인수하겠다는 곳은 하나도 없었다. 그래서 이사들에게 출자와 예탁을 부탁했고 나도 전액을 이곳에 맡겼다.

신자들에게도 5천만 원 원금보장을 홍보해서 재정을 정상화시켜놓고 전주대건신협에 합병의사를 타진한 바 이곳에 지점을 낼 계획이 있으니 한번 생각해 보겠다는 희망적인 답을 얻었다. 이런 진통을 거쳐 우전신용협동조합은 대건신용협동조합 우전지점으로 합병되었다. 이때 도움주신 이사장과 임직원 그리고 조합원 여러분께 감사를 드린다. 지금 대건신협 우전지점은 성업 중이다. 계속적인 발전을 빈다.

7. 김대중(토마스 모어) 대통령과의 오찬

2001년 10월이라고 생각된다. 전주세계소리문화의전당 개관식과 진안 용담댐 준공식이 겹친 날이었다. 대통령께서는 오전엔 진안 용담댐 준공식에 참석하고, 오후에는 전주세계소리문화의전당 개관식에 참석하기 위해 전주로 오셨다. 전북에 있는 각계 인사들을 50여 명 정도 오찬에 초청했는데 나도 이 자리에 참석하였다. 유명인사라서가 아니라 당시 도지사 비서실장이 우전성당에서 나에게 세례를 받았는데 그분의 특별 배려로 나를 그 자리에 끼워준 것이다.

초청은 받았지만 절차가 여간 까다로운 것이 아니었다. 식장에 들어갈 때 공항에서 레이더 박스를 통과하듯 몸 검색을 했다. 그리고 기다리는 시간과 그 자리에서 간단한 보고와 인사말들로 1시간 이상이 지나고 나니 비빔밥과 국이 다 식어 별로였다. 나로서는 부끄러운 일이지만 방광통으로 2시간 이상 앉아 있는 것이 괴로웠다. 화장실이 있었지만 사제복을 입고 들락거리는 모습이 좋아 보이지 않을 것 같아 사람들의 눈을 의식해 참고 있자니 정말 힘들었다.

식사를 마치고 대통령과 인사를 나누는 시간인데 안내자가 몇 번의 주의를 당부했다. 악수만 하고 말은 하지 말라고. 나는 내 차례가 되자 대통령과 영부인에게 악수를 하면서 "평화를 빕니다." 라고 말했다. 이 말은 성당에서 미사 때 신자들끼리 나누는 인사다. 대통령은 천주교 신자고 영부인은 개신교 신자이니 내 인사말을 거부 없이 받아 주었지만 주최측과 기자들은 좀 당황했을 것이다. 내 식대로 인사를 하고 나니 마음이 편했다. 식이 끝나고 나오는데 기자가 물었다. 무슨 말씀을 드렸냐고. 나는 아무 대답 없이 나와 버렸다. 내가 설명하면 지가 알기나 해?

8. 본당 분가

내가 발령받은 2002년에 우전성당에서 우림성당이 분가되었다. 대부분은 우전성당 신자였고 일부는 삼천동 신자도 이곳으로 편입되었다. 성당은 상가 2층에다 둥지를 틀고 몇 년간 사목하다가 지금은 성당 부지를 구입해 건축 중이다. 축복이 있기를 빈다.

이때 사목 파트너로 도와준 보좌신부 강호(가브리엘), 박성문(사도요한), 권순호(야고보), 이금재(마르코) 신부님께도 감사를 드린다. 지금은 고인이 되셨지만 사목회장 박영근 (안드레아)님과 사목회 임원들의 수고도 잊지 않고 있다.

9. 두 사제가 탄생하는 경사

2000년 1월 20일 본당 김상용(요셉), 백승운(비오) 부제가 동시에 서품을 받는 기쁨이 있었다. 모두 열심히 사제로 살고 있다. 그리고 이원재(마르코) 예비신학생을 신학교에 추천을 해주었다. 지금은 신부가 되어 프랑스 파리에서 유학 중이다. 나로서는 첫 번째로 아들 신부가 탄생한 것이다. 성인 신부가 되기를 기원한다. 일전에 어학공부를 마치고 정식 수강신청을 했다는 전화를 받았다. 서두르지 말고 건강하고 좋은 모습으로 만나기를 빈다.

10. 나의 특이한 소음 콤플렉스

나는 남보다 소리에 민감한 편이다. 거의 병적인 수준이다. 우전성당 사제관은 성당과 분리되지 않고 한건물 안에 있었기 때문에 행사 때 소음이 많아 스트레스로 고생이 많았다. 그래서 조용한 해성중고 종교감 당시 나춘성(스테파노) 신부 사제관 이층 방을 빌려 지내기도 했다. 이곳에서 글도 쓰고 뒷산에 산책하며 건강도 챙겼다. 좀 별난 사람이었다. 사계의 아름다움을 느끼며 4년을 사제관과 이곳을 오가며 지냈다. 장소를 제공해준 나춘성 신부님께 감사를 드린다. 뒷산에 복사꽃도 피었고 옹달샘도 있었는데 나는 그곳이 좋아서 틈만 나면 글을 쓰는 서재가 되었다. 낮에는 새소리가 좋았고, 밤에는 시내의 불야성을 보는 기쁨도 있었다. 지금도 종교감 선생이 살고 있는 산 중턱 조용한 이층집이 그립다.

11. 나의 장점이자 약점

나는 소음 콤플렉스도 있지만 시간 콤플렉스도 있다. 학교 다닐 때부터 지각이란 해본 적이 없다. 남과 약속을 하면 10분 전에 먼저 가서 기다린다. 그래서 자동차를 타더라도 항상 10분 전이 아니면 불안하다. 그래서 모든 모임에는 항상 내가 제일 먼저다. 어떤 때는 손해 본다는 생각이 들어 늦게 가려고 해보지만 그것이 잘

안 된다.

나는 사제생활 40년 동안 미사시간에 늦어본 적이 없다. 약속시간도 그렇다. 그래서 나보고 시간의 면도날이라고 말한다. 왜 이런 습관이 들었는지는 잘 모르겠지만 남에게 약점을 보이지 않는 완벽주의 성격 때문인 것 같다. 이러다 보니 내 자신에게 엄청난 스트레스를 주는 속 좁은 놈이 되고 말았다.

젊었을 때는 시간을 지키지 않는 사람을 좀 무시했지만 지금은 그들이 오히려 여유 있어 보인다. 나이가 들어 지금은 느슨하게 생각하고 싶지만 아직도 시간 안 지키는 사람을 대하려면 마음이 불편하다. 세월이 흐르고 보니 시간쯤 무시하고 느슨하게 사는 사람은 여유가 있어 보이고 나 같은 사람은 속 좁은 밴댕이처럼 느껴진다.

그들은 정신적으로나 육체적으로 나보다 건강하다. 맑은 물에 고기가 없다는 속담이 나를 두고 하는 말처럼 들린다. 이제부터라도 소갈머리 없는 놈으로 살아보도록 노력해 볼 것이다.

또 한 가지, 음악을 듣기는 좋아하지만 아직까지 악기를 하나도 다룰 줄 모른다는 콤플렉스를 가지고 있다. 악기를 다루는 사람들이 부럽다. 지금이라도 시작해 보려고 하지만 용기가 없어 망설이고 있다. 젊었을 때는 노래방도 자주 갔는데 지금은 그것도 별로 내키지 않는다.

12. 여러 가지 행사들

1) 1998년 본당 홈페이지 개통
2) 1999년 제1회 우전성당 성가대와 군산시향 초청 음악의 밤 (가을의 추억)
3) 2000년 제2회 포레 "Requiem" 군산시향 장엄 대 미사곡 연주.
4) 2001년 제3회 평화음악회 전주시향(김대중 대통령 노벨평화상 1주년기념)

평화 음악회 초대장 인사말씀

평화의 기도

미움이 있는 곳에 사랑을, 분열이 있는 곳에 일치를

의혹이 있는 곳에 믿음을, 오류가 있는 곳에 진리를

절망이 있는 곳에 희망을, 어둠이 있는 곳에 광명을

슬픔이 있는 곳에 기쁨을, 다툼이 있는 곳에 평화를

평화!

평화란 노력 없이 이루어질 수 없습니다. 많은 사람들의 기도와 수고 그리고 피나는 투쟁이 있었습니다. 그래서 인류는 세계 평화와 인권 신장을 위해 공이 많은 사람에게 평화상을 수상하고 있습니다. 그 대표적인 상이 노벨 평화상입니다.

이런 뜻깊은 상을 작년에 김대중 대통령께서 수상한 바 있습니다. 이 상은 개인의 영광은 물론이요, 우리 국민에게도 자랑스러운 일이 아닐 수 없습니다.

특히 남북이 갈라져 있는 이 땅에 전쟁이 아닌 평화적 통일을 하라는 과제를 준 것이라고 생각되어집니다. 그래서 노벨 평화상은 국민 모두의 영광으로 생각하고 그 뜻을 기리기 위해서 평화상 수상 1주년을 맞아 축하 음악회를 갖고자 합니다. 이런 마음들이 하나로 모여 우리의 소원인 통일이 앞당겨지기를 기원해 봅니다.

오늘 이 자리가 있기까지 협찬해주신 전주시 그리고 전주시향 관계자에게도 감사를 드립니다.

사랑, 용서, 기쁨, 평화.

그리고 우리의 소원은 통일입니다. 2001년 10월 26일 오후 7시

책 발간

이곳에 있으면서 4권의 책을 발간했다.

1) 1998년 11월 30일 시집『하루를 살아도』

2) 1999년 7월 15일 사제서품 25주년 은경축 및 주일복음 묵상

집『밀알 한 알이 썩지 않으면』 출판기념식

3) 2000년 4월 15일 시집『세월이 지나간 자리』

4) 2001년 1월 17일 에세이집『인생은 품앗이라네』

13. 아! 눈물이 앞을 가려

– 김대중 대통령 평양 방문시

새 천년이 열리면서
대희년이 선포되고
이 땅에도 빛이 보였다

우리는 기도했다
민족의 화해와 일치를 위하여
"분단의 깊은 상처를 낫게 하시고
서로 용서하는 화해의 은총을 내려 주소서!"라고

새 천년 성모 승천 대축일에
주님의 저희의 기도를 들어주셨습니다
찬미 예수님! 찬미 예수님! 감사합니다

한강과 대동강에 오작교 다리를 놓고
8월 하늘에 은하수 견우 직녀 만나듯

서울과 평양에 만남이 있었다

아! 이날을 얼마나 기다렸던가?
반백 년만의 핏줄의 만남
한 맺힌 기나긴 세월
눈물의 바다를 이루었다

통곡 소리 산천을 울리고도 모자라
칠천만 가슴을 한없이 적시었다
산천이 다섯 번이나 변했는데
천륜은 변한 게 없더라
눈물도 마르지 않았더라

생이별 지척에 두고
오가는 길이 이리도 멀었단 말인가?
구름 넘고 철새 넘나들던
아! 38선이 원수더라

지나온 세월
아! 눈물이 앞을 가려
그린 님 앞에 두고
할 말을 잊었노라

너는 보았느냐?
아비를 앞에 두고
절규하는 저 사람

너는 들었느냐?
시인의 울부짖음을
자기는 한 해에 두 살씩 먹고
부모는 한 해에 한 살씩 줄여 달라 했는데
세월이 기다려 주지 않았다며
세월은 자비가 없다 하였다

그는 마지막 말을 맺지 못하네
눈물이 앞을 가리고 목이 메어

누가 말하기를
눈물은 원초적 언어라 했다
그렇다
누가 저 눈물의 사연을 말할 수 있으리
누가 저 절규의 몸부림을 감당하리
나는 울었네, 이 땅의 비극 앞에

나는 말하리

본디 뿌리는 하나였다고
우리는 하나다 라고

긴 이별 짧은 만남이었지만
기약 없는 이별이 아닌
통일되어 다시 만나자
손수건 흔들며 보냈노라

이제는 눈물을 거두고
통일 노래를 부르자

잘 다녀오셨습니까?
안녕히 가시라우요

주님!
그들에게 자비를 베풀어 주소서

14. 우사회 모임

2002년에 우림성당이 우전성당과 삼천동성당에서 분리되어 새 둥지를 틀었다. 이때 신자들과 사목회 임원들도 나눠지게 되었는데 우

우사회 거제도 나들이

전성당 사목회원들이 헤어짐이 아쉬워 한 달에 한 번씩 회식을 겸해 모임을 갖고 있다. 지금 10년이 넘었는데도 변함없이 모이고 있다. 나는 당시 본당 신부였다는 명분으로 지금까지 초청해준다. 특별한 일이 없으면 참석하여 기쁨을 함께 나누고 있다. 당시 우사회 모임을 만들었던 박영근 회장은 고인이 되었지만 이 모임은 계속될 것이다. 좋은 만남, 좋은 친구들이다. 우정이 변치 않기를 바란다.

15. 어머니 선종

어머니께서는 1999년 7월 23일 새벽 4시경 88세로 장수군 번암에서 선종하셨다. 나는 어머님이 고향에 계실 때 매달 첫째 주에 찾아뵈었다. 잠깐의 만남이지만 어머니는 고백성사를 통해서 죽음 준비를 잘하셨다. 한 가지 불효는 임종을 보지 못한 것이다. 아침에 선종 소식을 듣고 바로 어머님을 성당 영안실에 모셨다. 장례 기간 동안 많은 신부님들이 오셔서 미사를 봉헌해 주셨고, 본당 신자들도 열심히 연도를 바쳐 주셨다. 장례는 주교님과 동료 사제들과 동창신부들 그리고 본당 신자들이 참례한 가운데 엄숙하게 거행했다. 모친상을 맞아 기도해주시고 수고해 주신 모든 분들께 감사를 드린다.

어머니 하늘 길 떠나시던 날

어머니!
세상에서 가장 친근한 말
지금 그 이름 내 곁에는 없습니다.
1999년 양력 7월 23일 새벽 4시경
어머니는 멀고 먼 하늘길을 떠나셨습니다.

세상에서 88년
이승의 미련을 버리고
저승으로 가셨습니다.

떠나시는 그날까지
자식들에게 부담 주어서는 안 된다는 말씀처럼
당신은 말씀대로 사시고 가셨습니다.

혹시나
오랜 고통 있으면 어쩌나
모시는 형제가 힘들면 어쩌나
내내 마음 조이며 살았는데
우리 어머니는 잠자듯 선종하셨습니다.
나는 어머니의 선종을 보면서 하나의 깨달음을 얻었습니다
잘 사는 것이 잘 죽는다는 것을
그래서 저는 어머니를 웃으면서 보낼 수 있었습니다.

어머니!
셋째 아들이 기도합니다
주여!
죽은 모든 이와 저의 모친 이비비안나에게
자비를 베풀어주소서. 아멘.

우전성당은 내 나이 50대 후반 사제생활 가장 바쁘고 다양한 사목 활동이었다. 이곳 사목생활에서 하느님의 축복을 넘치게 받았다고 생각된다. 나는 이곳에서 제일 많은 일을 감당했고, 내 개인적으로도 많은 일들이 있었다. 이런 속에서도 피곤이란 말은 입에 담아보지 않았다. 하루가 행복이요, 축복이었기 때문이다. 지금도 가끔 신자들을 만난다. 내 자랑 같아서 쑥스런 말이지만 신부님 그때 강론이 좋아서 우전성당에 자주 왔다는 말을 들으면 기분이 좋다. 사실은 나도 이때 내 사제생활에 정열을 쏟았다고 생각한다. 지금 다시 그 시절로 돌아갈 수는 없지만 내가 생각해도 축복의

시간이었다. 사제생활 말기에 좋은 추억을 갖고 살았던 우전성당이다. 매일 만나는 사람들과의 면담으로 성대에 무리가 와서 병원 치료도 받았지만 사람 만나는 일이 즐거웠다. 이런 중에서도 건강을 챙기기 위해 매일 삼천천 아침조깅, 겨울엔 무주스키장도 자주 다녔다. 짧은 다리로 부지런히 오고 가며 무서운 줄 모르고 살았다. 이런 모습을 신자들도 좋아했고 행복했다. 우전성당 만세입니다.

주님 감사합니다. 또다시 그런 시절은 없겠지요. 주님 제자로 선택해 주심에 감사 또 감사를 드립니다.

해미성

제10장

2002년 익산 성글라라수녀원 상주신부 부임

우전성당에서 4년 임기가 되던 해 처음으로 내 신상문제로 주교님을 찾았다. 이번 인사 때는 일감이 적은 시골이나 조용한 곳으로 갔으면 좋겠다는 말씀을 드렸다. 며칠 지나서 총대리 당시 김병운 신부님이 찾아오셨다. 익산에 있는 성글라라 봉쇄수녀원 상주신부로 갈 수 있겠느냐고 제안을 하셨다. 뜻밖이었다. 수녀원이라는 말에 좀 부담이 되기는 했지만 이것도 사목생활에 경험할 수 있는 좋은 기회라 생각해 그 자리에서 승낙했다.

미사는 아침 6시였는데 은혜로운 시간들이었다. 하루가 주님께 봉헌하는 일로 시작되고 수녀님들은 하루가 기도와 노동으로 꽉 짜여 있었다. 미사 때 본당에서 느껴보지 못한 분위기에 많은 체험을 한 은혜로운 곳이었다.

1. 살림 장만

이곳에 오기 전 상주신부님들은 수녀원 출입구 한쪽 사제관에 살았다. 규모가 협소해 식당과 주방이 없었다. 그래서 전임신부들은 외부 신자들 집에서 식사를 하셨다. 말하자면 하숙생활을 한 것이다. 나는 이런 조건을 모르고 이곳에 왔다. 나는 사제관 작은 방 하나를 식당으로 만들고 주방원은 수녀원 손님방을 사용했다. 그래서 주방 새살림을 차리느라 일주일 동안 시내를 오가며 살림을 물어 날랐다. '솥단지 밑에 딸리는 것이 장난이 아니다.' 라는 어르신들의 말씀이 무슨 뜻인지 알 수 있었다. 주방원으로 수고했던 고종사촌 누이 전연주(비리짓다)에게도 고마움을 가지고 있다. 수고했어요. 고마워요.

2. 여유로운 취미생활

이곳은 시간 여유가 있었고 조용한 분위기도 마음에 들었다. 사제관 옆에 작은 공터가 있어서 텃밭을 일구어 보았다. 처음 하는 일이지만 재미가 쏠쏠했다. 텃밭에 씨앗을 넣고 기다리는 마음, 옆에는 닭장을 지어 닭을 키웠고, 욕심이 생겨 토끼집도 손수 만들어 토끼도 키웠다. 아침저녁으로 모이를 주는 재미가 괜찮았다. 얼마 지나서 토끼가 새끼를 낳았다. 이웃집에서 예쁜 강아지도 갖다 주고 할아버지가 벌통도 놓아주고 영락없이 시골집 풍경 그대로였다.

처음으로 이웃집 할아버지와 고사리도 꺾으러 갔다. 버섯을 따러 다니는 산행도 재미가 쏠쏠했다. 바로 이웃에는 탁 트인 교구 농장이 있었고 그 앞에는 파란 보리밭, 조금 나가면 천변 갈대 산책길이 있었는데 서녘엔 지평선 노을이 환상적이었다. 나는 매일 강아지를 데리고 산책하면서 정서적으로 큰 도움을 받았다. 시간이 나면 금마에 있는 미륵산도 자주 올랐다.

3. 덕분에 해외여행

서울에 있는 프란치스코 소속 지도신부님이 한 달에 한 번씩 방문해주셨다. 1년에 한 번씩은 연례피정을 1주일간 했다. 이때 나는 자동으로 휴가가 된다. 동구라파에 가고 싶었지만 날짜가 모자라 동남아 몇 곳에 다녀왔다. 주교님 피정 때는 호주를 여행했다. 그리고 시간을 내서 1박 2일로 어청도도 다녀왔다.

이곳에서 사는 동안 나의 수녀원 생활을 한 권의 책으로 2002년에 『당신은 복받을 거야』라는 수필집을 냈다.

4. 태풍 매미

매미 태풍으로 수녀원 담이 넘어 가고 아름드리 나무들이 뿌리째 뽑혔다. 사제관 지붕 기와도 몇 장이 날아갔다. 이웃 성당 봉사자들이 와서 도와주었지만 쉽지 않았다. 수녀들은 수녀원 안팎의 대청소로 바쁘게 움직였다. 나도 한나절이나 지붕이 날아간 닭장을 수리하느라고 바빴다. 이웃집 옥상에 컨테이너 박스도 날려버린 무서운 바람이었다.

당시 월드컵 축구가 전주 경기장에서 있었는데 비가 내려 비옷을 입고 추위에 떨며 관람하던 생각이 난다. 경기한 나라는 어디인지 잘 기억이 나지 않는다.

5. 야채바구니에 담긴 건강식단

이곳은 내가 사람들로부터 스트레스를 가장 적게 받고 살았던 고마운 곳이었다. 말 그대로 봉쇄수녀원이었기 때문이다. 견디기 힘들어하는 소음에 방해받지 않고 살았던 행복한 생활이었다. 가끔씩 작은 바구니에 수녀님들이 직접 가꾼 신선한 야채를 보내주셔서 건강한 밥상이 즐거웠다. 수녀님들과 함께했던 생활이 행복했다고 이 자리를 통해서 말씀드립니다. 고마웠어요. 수녀님.

6. 이웃 인심

아침 미사를 마치고 사제관에 오면 현관 앞에 먹을 찬거리들이 떨어지지 않았다. 이웃에서 미사 오실 때 할머니들이 갖다 놓으신 선물이었다. 김치에서부터 고추장, 된장, 간장, 참기름, 고구마줄기김치, 손두부, 콩자반, 내가 좋아하는 고들빼기김치, 깻잎김치까지 셀 수 없을 만큼 풍성했다. 그들은 그릇을 찾으러 오는 일도 없다. 본당 없이 혼자 있는 것이 안쓰러워 정 많은 할머니들께서 베풀어주신 사랑이었다. 나는 보답으로 호박죽을 끓여 이웃에게 돌렸다. 이렇게라도 하고 나니 마음이 편했다. 지금쯤은 그 할머니들은 거의 하늘길을 떠나셨을 것이다. 주여! 그들에게 안식을 주소서. 아멘.

7. 주님 봉헌 축일

주님 봉헌 축일은 성탄 후 40일째 되는 날로서 성모 마리아님께서 법대로 정결예식을 치르기 위해서 아기예수님을 성전에 봉헌한 날이다. 교회는 이날을 기념하여 봉헌 축일로 정하고 있다. 이날 초 축성식도 있다.

우리 교회에서는 촛불은 특별한 의미를 지니고 있다. 촛불은 자기 몸을 태우면서 이웃의 어두움을 밝혀 주기 때문에 예수그리스도의 삶을 상징하고 있다. 그래서 교회는 이날 사제서품이나 수도자 허원식을 많이 한다. 내가 있는 수녀원에서도 이날 미사 때 봉헌 서약식이 있었다.

나는 미사 강론 때 촛불과 수도자의 삶의 공통점을 이야기해 주었다. 촛불은 자신을 태우면서 눈물을 흘리지만 그 눈물은 감격의 눈물이다. 그렇다. 성직자와 수도자는 촛불과 같은 감격의 삶이어야 한다.

촛불
제단 위에 촛불이 활활 타고 있다.
세상을 태우고 자신도 태우고

촛불
촛불은 자기를 태우면서 행복해 한다
감격의 눈물까지 흘리면서

촛불
촛불은 뜨거운 눈물만큼이나
사랑하며 죽어가고 있다.

나도 촛불로 살고 싶다.
청춘을 불사르며.

— (시집 『세월이 지나간 자리』 중에서)

김제 원평성당

원평성당 사제관 앞에서

성모상 앞에서

제11장

2003년 원평성당 부임

1. 본당 현황

수녀원에서 1년간 살다가 김제 원평성당으로 인사 발령을 받았다. 내가 살았던 원평성당은 대지가 4천 평이 넘는 넉넉한 땅을 가지고 있다. 성당과 사제관 그리고 수녀원과 유치원으로 사용하고도 여유가 있어 사제관 뜰에는 잔디가 깔려 있고 앞쪽에는 성모상이 잘 꾸며져 있다. 성당 뒤편 약 2천 평 정도에는 배나무와 매실나무가 있는 과수원이 있다. 그래서 3월에는 매화 향기가, 4월에는 배꽃 향기로 가득하다.

나는 이런 모습이 좋아 배밭 주위에서 서성거리다 옷이 눅눅해진 줄도 모르고 이화에 취하고 월백에 반해서 학창 시절에 배워두었던 시 한 구절을 독백해본다.

'이화李花에 월백月白하고 은한銀漢이 삼경三更인제 일지춘심一枝春心

을 자규子規야 알라마는 다정多情도 병炳인양하여 잠 못 들어 하노라.'

주일 미사참례자 수는 약 3백 명 정도였고 분위기는 참 좋았다. 멀리 있는 신자들은 유치원 버스로 모셔오고 모셔다 드렸다. 주로 어르신들이 많아 성당에 몇 개의 신심단체 외는 별다른 활동은 없었다. 하지만 신자들의 친교는 좋았으며 미사 시간에 강론 경청도 아주 진지했다. 나는 이런 모습이 좋아 주일을 기다리며 살았다. 그리고 어려운 살림에도 본당 운영에 수고해주신 본당사목위원들과 최석기(아오스딩) 본당 회장님에게도 감사를 드린다.

2. 서울 한강본당, 유치원 후원 중단

원평성당은 본당 재정이 어려워 서울 한강성당에서 해마다 유치원 운영비로 1천만 원씩을 도움받았다. 그래서 유치원 차도 사고 운영에 큰 보탬이 되었다. 첫 수확한 배와 매실을 한강성당에 답례로 보내곤 했다. 이렇게 좋은 관계가 얼마 동안 유지되었는데 몇 년 전부터 도움이 끊겨 유치원 운영이 어려워 얼마 전 문을 닫았다는 말을 들었다. 교구에서도 노력했으나 그곳 원아모집 상황이 너무 저조해 그리된 것이라 생각된다. 꼬마 병아리들은 이곳 성당에서는 볼 수 없고 병설유치원에서만 볼 수 있다. 어디서든 잘 자라주기를 바란다.

3. 배장사

원평성당은 가을만 되면 신자들의 일손이 바쁘다. 성당 뒤쪽의 배를 수확해서 추석을 전후해서 팔아야 하기 때문이다. 본당신부는 아는 성당 신부들에게 전화로 판매를 했다. 해마다 부탁하는 것이라 미안하기도 했다. 어떤 신부는 쾌히 승낙을 하고 어떤 신부는 부담을 가진 곳도 있어 가을만 되면 본당신부는 배 판매로 마음이 쓰였다. 이렇게 해봐야 겨우 천만 원 정도의 수입이다. 작은 본당에서는 이것도 큰 보탬이 된다.

가을에 좋은 열매를 얻기 위해서는 신자들의 많은 손길이 요구된다. 특별히 이곳은 사목회에 배밭분과가 있어서 관리에서 수확 그리고 판로까지의 과정에서 본당사무장 문재용(안드레아)과 배밭분과장 서만식(다미아노)의 수고가 많았다. 내가 그곳을 떠나 금암성당에 있을 때는 성의껏 배를 팔아주었다. 그리고 일찍 추수한 매실주는 사제관 옆방에서 향기를 내며 익어갔다. 배 맛도 일품이요, 매실주 익어가는 냄새도 끝내주었는데 지금은 어떤지 궁금하다.

내가 그곳에 있을 때 글라라수녀원 생활을 정리해둔 글로 『삶에는 연습이 없다』 라는 제목으로 수필집을 발간했다. 수녀원생활의 행복과 은혜로운 생활이 담겨 있는 책이다. 기분이 우울할 때 이 책을 읽으면 은혜로웠던 생활이 떠올라 마음이 평화로워진다.

4. 불행의 씨앗 건강 이야기

40대 후반부터 혈압 약을 복용했다. 그리고 전립선과 과민성방광으로 비뇨기과에 들락거렸다. 어디를 가면 화장실이 어디에 있는지를 확인해두는 일이 첫 번째였다. 고속버스는 삼갔으며 자가용이나 기차를 이용했다. 조금 긴장하거나 몸에 이상이 생기면 방광통으로 소변 조절하기가 어려웠기 때문이다. 그래서 마음고생이 심했다. 이렇게 여러 해를 고생하다가 전립선 수술을 통해서 치료를 해보기로 결심하고 2003년 담당의사와 상의하여 지방대학병원 비뇨기과에서 전립선 수술을 했다.

5. 전립선 수술 후유증

불행은 여기서부터 시작되었다. 수술이 잘못되었다. 처음부터 불길한 증상이 나타났다. 수술 중 수혈을 해야 했고 퇴원 후에도 요도협착증으로 소변이 시원치 않아 한 달에 한 번씩 요도확장 시술을 1년간 계속하였다. 이렇게 지내다 보니 심리적으로도 많은 부담을 안고 살았다. 이곳에서는 안 되겠다고 생각해서 서울 강남 성모병원에서 협착 재시술을 받았으나 결과는 진전이 없었다. 다음으로 서울대학병원에서 두 번의 수술, 아산병원에서 요도협착수술 한 번, 두 번의 스탠드시술을 해보았지만 결과는 오히려 나빠졌다. 이렇게 5년 동안을 시달리다 보니 더 이상 희망이 없었다. 여기서부터 심각한 이상이 왔다. 외상스트레스 증후군이었다.

6. 본당생활 접고 병원 장기요양

몸도 정신도 더 이상 제자리를 찾지 못하고 기우뚱거리면서 수면장애가 시작되었다. 이후 식욕부진, 불안초조, 결국에는 우울증으로까지 악화되어 저녁에 응급실에 실려간 일도 몇 차례 있었다. 결국 정신과와 비뇨기과 협진으로 지방대학병원에 입원을 하였다. 나는 더 이상 본당 사목생활을 할 수가 없어서 본당을 떠나야 했다. 떠날 때 본당에 들르지도 못하고 인계인수도 병원에서 하고 바오로 복지병원에 장기요양생활로 들어갔다.

병상에서

밤이 깊으면 새벽이 가깝다던데
밤이 얼마나 깊어야 새벽이 오려나
신열은 오르고 온몸은 불덩이인데
곁에 말 붙일 피붙이 하나 없어
이 한밤을 어찌할거나.

아!

이것이 외로움이구나
이것이 고독이로구나
하룻밤 사이에
하느님도 불러보고
어머님도 불러보고
아! 이것이 슬픔이로구나

아프지 말아야 돼
아프면 서러워
홀몸이 아프면 끈 떨어진 연이야
외로움이 폭포처럼 밀려오더라.

— (묵상집 『귀본향』 중에서)

피리 부는 소년

성바오로복지병원

장수번암 고향집으로 휴양

제12장

2005년 성바오로복지병원 장기 요양

2005년 성바오로복지병원에 왔지만 정신은 더 흐려졌다. 부끄러운 고백이지만 우울증은 나의 의지와 신앙까지 위협하였다. 이곳에서는 나를 위해 따로 조용한 방도 마련해주고 많은 신경을 써주었지만 별다른 차도는 없었다. 한마디로 비뇨기과 문제보다는 마음의 병을 얻은 것이다. 전북대학병원 정신과 의사의 도움도 받았다. 정말 힘든 시기였다. 방엔 약봉지로 가득했고 한약까지 챙겨 먹는데도 정신을 차리지 않으면 먹은 약을 두 번 먹고 부작용으로 힘든 때도 여러 번 있었다. 이곳이 나의 마지막 자리가 될지도 모른다는 불길한 생각도 들었다. 한때 내 주위를 정돈해보는 시간이기도 했다.

1. 나의 분심은 한심한 수준

이곳 병원은 말기 암 환자들을 위한 일종의 쉼터다. 나는 시간 나는 대로 그들을 면담해주면서 위로도 받았다. 산보를 하면서 서로의 아픔을 나누는 친구도 있었지만 몇 달 못 가 운명을 달리하는 슬픔도 있었다. 이곳에 상주하고 있는 왕수해 신부가 많은 위로와 도움이 되었다. 바로 아래 아우도 자주 찾아와 많은 위로를 주었다. 지금 생각하면 고마운 형제다. 그런데 그 아우도 눈 때문에 서울에서 수술을 했다. 다행히 좋은 결과가 있어서 기쁘다.

병원 수녀님들의 도움도 많이 받았다. 이런 고마운 분들의 도움에도 마음의 병은 쉽게 치유되지 않았다. 성직자로서 부끄러운 고백이지만 잠자리에 들면서 '주님 오늘 밤이 마지막 밤이 되게 해주십시오. 내일 하루가 두렵습니다.' 수면제와 신경안정제에 의지해서 잠을 청해보는 나의 삶은 삶이 아니라 하루하루가 분심과 잡념으로 고통의 연속이었다.

성체 앞에 주님 자비를 청해보고 묵주알을 굴리며 성모님께 매달려 보았지만 응답은 귀에 들리지 않았고 마음은 더욱 황폐해가는 사막이었다. 나는 고통을 잠시나마 잊어보려고 암환자들 프로그램에 참여하여 웃음치료도 해보고, 명상치료도 해보며, 최선을 다해 보았지만 별다른 차도는 없었다. 내가 생각해보아도 나는 참 이상한 사람이다. 소위 신부라는 사람이 제 마음 하나 다스리지 못하고 갈팡질팡하는 모습이 정말로 한심한 사람임이 분명하다.

군이 변명을 한다면 이것이 나의 병이라는 것이다. 형편없는 놈, 한심한 놈, 못난 놈, 바로 이 말이 나에게 맞는 말이라고 생각되었다. 자책이 아니라 사실이었다. 이런 방황 속에 5개월을 병원에서 살았다. 이때에 나를 위해 수고해주신 복지병원 수녀님들에게도 감사의 인사를 드리고 싶다.

그해 봄 부활축일을 보내고 생활을 바꾸어보면 어떨까 해서 고향인 전북 장수군 번암면 동화리에 있는 가족별장으로 자리를 옮겼다.

2. 고향집으로 휴양

이제 치료는 할 만큼 해보았으나 차도가 시원치 않아 공기 좋은 고향집에 가서 쉬고 싶은 생각이 들었다. 형제들과 상의하여 고향으로 가기로 마음을 정했다. 집은 대충 손을 보고 부활축일 보고 그 이튿날 병원에서 고향집으로 자리를 옮겼다. 동화댐 상류 경치가 좋은 양옥집이었다. 이 집은 어머님 살아계실 때 어머님을 모시기 위해 가족별장으로 지었고 오랫동안 장형께서 어머님을 모시고 살던 곳이다.

이곳에 오면서도 건강문제 특히 비뇨기과와 우울증은 치료 중이었다. 다만 고향이란 향수가 나를 위로해 주기는 했지만 병마는 그대로였다. 그러나 이곳에서 평소에 꿈꾸었던 자연과 더 가까이

한다는 생각에 마음은 조금 편했다.

다행히 아랫마을에 하동공소가 있어서 주일이면 그곳에서 미사도 봉헌해주고 신자들과 친교가 있어서 좋았다. 시간을 메우기 위해 서예도 하고 짬짬이 글도 썼다. 마당 한편에는 텃밭이 있어서 그곳도 들랑거려 봤지만 수확은 없었다.

고향집에서 닭이랑 토끼랑 강아지가 친구가 되기도 했지만 육체의 피로감으로 큰 도움은 되지 못했다. 이때 남원의료원에서 위내시경과 대장내시경을 했는데 대장에서 용정을 5개나 제거하다 보니까 퇴원 후 출혈로 재입원을 한 적도 있다. 나는 왜 이렇게 노후에 병원과의 관계가 불편한지 모르겠다. 이런 중에도 고통을 잊어보려고 일감을 찾아 남원의료원에 일주일에 한 번씩 미사를 봉헌해드리고 환자들을 위로해 주는 일을 자청했다. 남원성당 박성팔 신부가 도와주었고 병원담당 수녀에게도 많은 도움을 받았다. 또한 아우가 자주 찾아와 숙식을 같이하며 함께해 주었다. 가끔씩 골프장에 나가 나의 건강을 챙겨 주기도 했다. 때로는 이웃마을에 있는 형님 내외분도 찾아와 도움을 주었고, 공소 신자들에게도 도움을 받았다. 먼 곳까지 와서 식당 도우미로 나를 챙겨준 누시아 자매님에게도 고마움을 잊지 않고 있다. 고마워요.

내가 고향에 머물면서 병상일기를 적은 중에 한두 가지 생각나는 것을 소개하고자 한다.

누가 고통으로부터 자유로울 수 있는가?

부처님은 인생을 고해라 했고
예수님은 십자가의 무게라 했다.
부처님도 지친 고행을 멈추고 수행길을 찾았으며
예수님도 십자가의 고통을 피하고 싶었다
하실 수만 있다면 이 잔을 거두어 주소서 하였지요
하물며 평범한 인간에게야
고통은 참기 어려운 고문이겠지요
세상은 피할 수 없는 고통의 길목에서
교회와 사찰에서는 기도 소리가 멈추지 않지만
병든 세상은 하루도 조용한 날이 없더라
누가 이 고통과 슬픔으로부터 자유로울 수 있는가
아! 인간인 나는 알 수도 없고 말할 수도 없다네

다만
미생물은 현미경을 통해서만 볼 수 있듯이
고통 또한 신앙의 눈 없이는 볼 수 없는 것
고통은 누구나 원하지 않지만
의지만으로는 자유로울 수 없는 것
고통 속에서 희망을 찾는 길을
예수님 말씀하시네요
자기 몫의 고통의 무게를 감당할 수밖에 없다고
자기의 십자가를 지라고도 하네요

십자가 뒤에는 부활이라는 선물도 약속했지요
신앙인은 십자가의 두려움도 크지만

부활이라는 희망이 있기에 고통을 이겨낼 수 있답니다. 아멘.

흙무덤

내 고향 하늘 아래
사계절 꽃 피는 청춘이었는데
세월 간 고향 땅엔
주인 잃은 흙무덤만 늘어나고
할미꽃만 피었더라.

병들어 찾아온 고향 땅
인걸은 어디 가고
밟히는 게 추억이요
채이는 게 흙무덤뿐이더라.

고향에서 약 1년간 지내다 보니 사람이 그리웠다. 식당 자매에게도 외딴 곳에서의 생활은 힘들었다. 나 하나 편하자고 자매님에게 더 이상 부담을 주는 것이 마음 쓰였다. 이곳에서 더 이상 머문다는 것이 나에게도 함께한 자매님에게도 도움이 되지 않는다는 것을 알고 고향을 떠나기로 마음을 먹었다. 그렇다고 본당을 바로 맡을 정도로 건강이 좋지 않았다. 교구청에 상의해 보니 마침 요셉동산 양로원 지도신부가 유학을 가게 되어 자리가 비었다는 답변이었다. 나에게는 안성맞춤의 자리였다. 이렇게 되어 요셉동산과의 인연이 맺어졌다.

3. 내 몫의 무게

나는 어느 순간 건강을 잃고 나서
삶이 기우뚱거리기 시작했습니다.
건강을 찾기 위해서 병원을 들락거렸고
명의를 찾아 도움을 받아보기도 했지만
모두가 희망을 주지는 못했다
한때는 희망의 끈을 놓기도 했었지요.
어느 날 기도를 올리고 있을 때
누군가 나를 위해 기도해 주는 소리가 들렸습니다
생각해 보니 나를 아는 사람들의 기도 소리였습니다.
나는 그때야 깨달았습니다
십자가에서 내려다보시는 예수님
성체 불 앞에서 지켜보시는 예수님
나는 지금도 너를 위해 십자가에서 내려가지 못하고 있다
네 몫의 무게가 무거우면 나에게 덜어주라 하셨습니다.

생각해 보니 참으로 이기적은 사람이었습니다
무거운 짐을 지고 허덕이는 사람은 다 나에게 오라는
주님의 말씀을 들으면서 제 고통의 무게는 가벼워졌습니다.
주님 저를 위해 기도해 주신 은인들에게 축복해 주시고
청하옵건대

제 몫의 무게를 감당할 수 있는 힘을 주소서

또한 자비도 베풀어 주소서. 아멘.

4. 낙엽과 인생

가을에 낙엽 하나가 지는 것은 자연의 이치에 의해서 떨어지는 것이지만 인간은 이런 작은 하나를 통해서도 우주의 신비에 대해서 많은 생각을 하게 된다는 것입니다. 허무하면 허무한 대로, 신비로우면 신비로운 대로, 불행하면 불행한 대로, 행복하면 행복한 대로 생명이 다하는 날까지 생각을 멈추지 않고 있는 것입니다.

우리는 우연히 낙엽 하나 지는 모습에서도 자기의 삶을 생각해 볼 때가 있습니다. 이것이 인간만이 가질 수 있는 마지막 겸손이라고 생각해 봅니다.

만약 인간에게 죽음이라는 것이 없다면 낙엽이 떨어지는 것을 보고 무슨 생각을 할 수 있을까요? 마치 젊은이가 남의 죽음 앞에 별다른 느낌이 없듯이 말입니다.

10월의 마지막 밤, 낙엽하나 지는 소리에도 인생을 생각해 보는 감정은 낭만이라기보다는 우주의 신비를 생각해 보는 인간만이 가질 수 있는 아름다운 사색이 아닌가 합니다.

우유 따르는 여인

제13장

2006년 요셉동산 양로원 원목신부 부임

1. 요셉동산 분위기

나는 10월경에 짐을 정리해서 요셉동산 양로원에 왔다. 처음 오는 곳이라 낯설었지만 어르신들께서 현관까지 나와 환영해주셨다. 내가 불편함이 없도록 여러 가지로 마음 써주셨다. 이곳은 가난한 작은 자매수녀회(경로수녀회)가 운영하는 양로원이다. 특색은 정부 지원 없이 생활보호대상자만 올 수 있고, 생활보호운영금과 후원자들의 헌금과 주일마다 각 본당에 가서 모금해서 양로원을 운영한다. 처음 와서 놀란 것은 양로원이라고 하면 좀 지저분하고 냄새 나는 곳으로 알았는데 천만의 말씀이다. 건물을 지으면서부터 독일식 복지시설을 접목시켜 개인독방에 화장실 샤워까지 모든 공동시설에는 부족함이 없도록 갖추어졌고 식당은 호텔분위기를 연상케 하는 이상적인 건축이었다.

요셉동산

처음 방문한 사람들은 여기가 양로원인지 호텔인지 착각한다는 말을 자주 한다. 본디 독일식 양로원 복지시설이라서 이국적인 분위기도 느껴진다. 가끔씩 다른 복지시설에서 이곳을 견학 오는 일도 있다. 시설이나 운영 면에서 이 정도면 한국 중류층 가정 분위기보다 낫다고 본다. 식당 음식도 가정집보다 좋다. 나는 이곳에 살면서 부족함보다는 만족함이 더 많았다. 이곳에 계시는 어르신들은 선택받은 축복을 누린다고 생각한다. 나도 언젠가 은퇴하면 이곳에 올지도 모른다. 왜냐하면 노인들의 쉼터요, 축복의 공간이기 때문이다.

2. 나의 하루 생활

아침에 미사로 하루가 시작된다. 얼마나 거룩한 하루의 시작인가. 이곳에 몸이 불편해서 상주해 있는 강덕창(어거스틴) 신부와 이웃에 계시는 지정환(디디에) 신부와 공현섭(요셉) 신부와 합동미사가 매일 거행된다. 공현섭 신부는 내가 건강으로 공석일 때 미사를 대신 봉헌해 주었다. 지금은 교포사목을 하고 있지만 성실한 사제다. 그리고 지정환 신부는 이웃에 계시기 때문에 자주 들러 어려울 때 조언을 청하면 좋은 말씀을 해주셔서 큰 위로를 받았다. 그리고 강 신부는 건강의 어려움을 잘 극복하여 웃는 얼굴로 산다. 그래서 나는 강 신부가 이집에서 가장 행복한 사람이라고 말해주면 좋아한다. 사실은 우리 공동체에서 제일 많이 웃는 사람이다. 그리고 운동도 빠지지 않으면서 건강을 챙기고 있다.

나의 직함은 원목신부다. 이곳에 신앙문제에 책임자이고 상담자이고 제사장이다. 가끔씩 어르신들의 상담을 하다 보면 기막힌 사연으로 놀라울 때가 있다. 소설로 책을 써도 모자랄 것이다. 나는 본당에서 느껴보지 못한 세상을 이곳에서 체험했다.

삶이 고해라는 말은 들었지만 이런 아픔을 안고 사는 분들에게 내가 할 수 있는 일은 기도와 위로 그리고 함께해 주는 일이다. 이런 중에도 가끔씩 외출해 식사하러 가자는 제안과 저녁에 술한잔 하자는 러브콜이 올 때가 있다. 될 수 있으면 이곳 규칙에 어긋나지 않는 범위 내에서는 들어주곤 했다. 사실은 나도 환자의 연장선상에서 이곳에 온 것이다.

그러나 이곳에 계시는 어르신들의 삶의 노고에 비하면 내가 환자라고 말하기가 부끄럽다. 내색은 하지 않았지만 비뇨기과 요도협착으로 배뇨장애, 과민성 방광염으로 저녁잠을 설쳤다. 만성피로, 우울증은 나를 소리 없이 괴롭혔다. 이곳에 있을 때 배뇨장애로 서울 아산병원에서 스탠드시술을 두 번이나 받았으나 결과는 호전되지 않았고, 배뇨장애로 저녁에 구급차로 응급실에 실려간 일도 있었다. 이런 중에도 옆에 있는 신부에게도 말하지 못하고 내 자리를 지키는 일에는 최선을 다했다. 서울에 통원치료를 하면서도 표시나지 않게 미사시간을 조절하면서 이곳에 피해는 주지 않았다. 통원치료에는 내 아래 아우가 많은 수고를 해 주었다.

이곳에서 요양과 사목을 하면서 조심스럽게 지냈다. 지금 생각해보면 주님께서 적절한 곳에서 일하도록 안배해 주심으로 믿고 있다. 이곳에 있으면서 생활에 불편한 것은 하나도 없었다. 내 건강 때문에 자신이 흔들리는 것 외에는 모두가 만족한 생활이었다. 이웃에 산보코스가 있어서 하루에 일과처럼 다녔고 동생이 찾아와 골프장에 나가기도 했다. 한 가지 불편함이 있었다면 여름에 아랫마을에서 돼지 축사 냄새가 신경을 자극할 만큼 거슬린 점이었다. 이 문제 때문에 마을에서 데모도 하고 관계기관을 찾아 항의도 했으나 결과는 진전이 없었다. 이것만 해결되면 요셉동산은 명당자리다.

3. 병마와 싸우며 재도전

이곳에서 2년을 지내고 건강을 좀 추스르게 되었지만 비뇨기과의 질병은 나를 계속 어렵게 하는 불치병이었다. 나는 여기서 마음의 변화가 왔다. 불치병이라면 평생을 갖고 살아야 할 것이다. 누가 말했듯이 불가능하면 수용하고 즐기며 살라는 말이 생각났다. 특히 정신과 의사의 말에 의하면 받아들이면 우울증이 낫고 거부하면 치료하기가 어렵다고 했다. 그래 이제 해볼 것은 다 해보았다. 현대의학적인 치료도 최선을 다해 보았지만 나의 한계가 여기까지임을 알게 되었다. 지금까지도 하느님의 도우심이 없었다면 나는 폐인이 되었을지도 모른다. 이제 병마의 노예가 되지 말고 병마와도 싸우고 본당에 가서 적극적인 사목생활을 통해서 극복해 보기로 마음을 먹게 되었다. '서 신부, 너는 할 수 있어.'

그래서 교구청에 본당 사목 신청을 해서 전주 금암성당으로 자리를 옮겼다. 그동안 편히 쉬면서 건강을 추스르게 도와준 요셉동산 수녀님들께 감사를 드린다. 이곳에 있을 때『귀본향』이란 졸저를 발간했는데 내용을 한 개만 골라 소개한다.

날개 없는 천사들

사람들은 젊어 보이기 위해 얼굴도 가꾸고 옷치장도 합니다
그러나 젊음보다 더 좋은 옷은 없더라

나이가 들면 제 몸 하나 가누기도 힘들 때가 있답니다
하여 결국에는 지치고 병들어 인생의 허무함을 느낄 때
긴 병에 효자 없다는 말도 있듯이
세상에 짐이 될까 근심이 천만 근이라네.

허나
여기 그 일을 대신해서 감당해 주는 곳이 있으니
가난한 작은 경로수녀회가 있지요
따뜻한 사랑과 관심 그리고 의식주는 물론
건강까지 꼼꼼히 챙겨주고 있답니다
이곳은 우리가 생각하는 양로원이 아닌
어르신들을 가족처럼 모시는 사랑의 공동체입니다
이곳은 은인들의 후원금으로 운영하는 곳이랍니다
그래도 이곳은 모자람이 없답니다.
나는 이런 은인들을 보이지 않는 천사라고 부른답니다.

이곳엔 또 다른 천사들도 살고 있습니다
이곳 천사들은 날개는 없지만 하루가 바쁘답니다
나는 이들이 날개가 달릴까 걱정하고 있답니다
날개가 달리면 하늘로 날아가 버릴까 걱정이 되어서입니다
날개 달린 천사는 하늘에 살고 날개 없는 천사는 이곳에 삽니다
나는 보았습니다
날개 없는 천사들은 손과 발에 굳살이 박히도록 바쁘답니다
나는 오늘도 날개 없는 천사들과 함께 이곳에 살고 있답니다.
날개 없는 천사들에게 감사드려요.

나는 이곳에서 특별한 체험을 하게 되어 감사하다. '노인은 자기 자신이 다시 젊어질 수 없다는 것을 알지만 젊은이는 자기가 늙어 간다는 것을 잊고 산다.'는 말이 생각난다. 나도 이곳에 오기 전에는 내가 늙어간다는 것을 잊고 살았다.

착각이었다. 옆에 있는 어르신들을 보면서 나도 곧 저 모습으로 이곳에 올 수 있다고 생각하니 함께하는 분들이 가족처럼 느껴지고 앞으로의 내 자신의 모습이 떠오르기 시작했다.

또 한 가지 생각나는 말이 있다. '사람은 누구나 어른이 되지 않는다. 다만 나이가 한 살씩 먹어갈 뿐이다.' 요셉동산 어르신들 항상 건강하시고 행복하십시오.

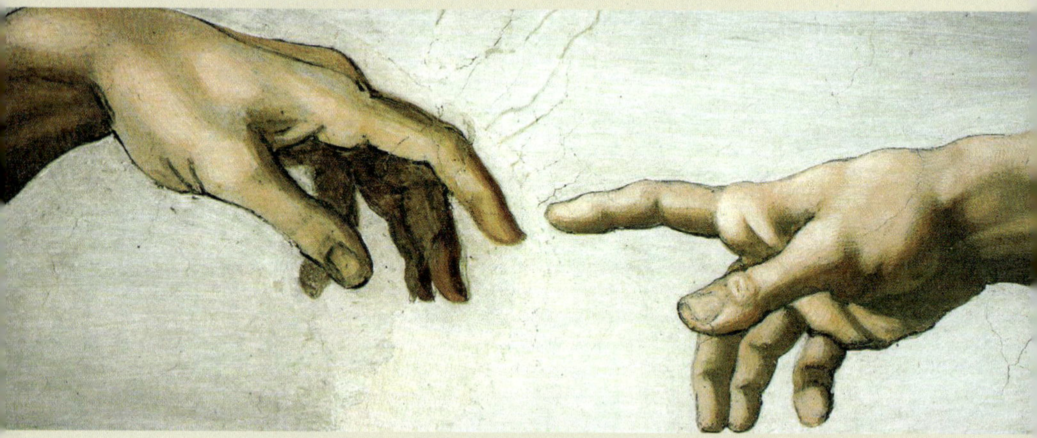

전주 금암성당

금암성당 부임 첫 미사

제14장

2009년 금암성당 부임

1. 본당 현황

3년간 건강 때문에 본당사목에서 떠나 있었다. 마지막 본당생활 4년을 거치면 은퇴할 나이가 된다. 그래서 건강은 자신이 없었지만 용기를 내서 교구청에 본당 신청을 했다. 다행히 이동시기라 전주 금암성당으로 발령을 받으면서 보좌신부까지 얻게 되어 큰 힘이 되었다. 금암성당은 지대가 높은 곳이고 전주 시내가 내려다 보이는 시원한 곳이다. 신자 수도 많지 않고 나에게는 좋은 사목지였다. 또한 대학병원이 옆에 있어서 병원에 다니기도 부담이 없었다.

처음 부임하던 날 보좌신부와 손을 잡고 성당에 들어섰을 때 신자들은 따뜻하게 환영해 주었다. 성당에 들러 제대 앞에 무릎을 꿇고 기도했다. 부족한 이 사람을 이곳에 사목자로 보내 주신 하느님께 대한 감사기도였다. 주님! 사목자로 잘 살게 도와주시고 병마의 굴레도 벗겨주시고 이곳 신자들을 위해서 봉사할 수 있는 능력을 주시라고.

2. 본당 사목 다시 시작

주일 첫 미사에 만남이란 주제로 복 중에 가장 큰 복은 인연의 복이라는 내용으로 미사강론을 했는데 생각보다 좋은 반응을 얻어 용기를 갖게 되었다.

1주일을 보내고 본당 파악을 하기 위해서 구역미사 시간을 짜서 나와 보좌신부가 저녁에 구역 미사를 하였다. 이곳도 주로 노인들이 많은 성당으로 특별히 활성화된 단체는 없었다. 굳이 소개를 해본다면 노인들이 많기 때문에 초상이 많았다. 한 해를 보내고 사목평가를 보면 1년에 사망자가 12분이 넘었다. 내가 4년간 있었으니깐 40명이 넘게 작고하셨다. 애령회 활동이 많았다. 애령회원들은 나이 드신 분들이라 오고 가시는 교통편이 불편해서 봉고차를 구입해 드렸다. 그리고 본당 제 단체나 어린이 성경학교 두루두루 유용하게 쓰여졌다.

한편 본당 레지오 단원들의 활동도 좋았다. 그리고 초중고 어머니들의 봉사활동에도 감사를 드린다. 본당 박대실(마태오) 총회장님과 사목회 임원들도 조용히 자기 일을 잘 감당해 주었다. 이곳에 있으면서 사목회와 신자들 간에 불편함은 한 번도 없었다. 이 자리를 통해서 감사를 드린다. 본당 기수도(그레고리오) 사무장도 과도한 업무였지만 잘 처리해 주어서 고맙게 생각한다. 주님! 금암성당을 축복해 주소서. 아멘

3. 비뇨기과 재수술 등 잔병치레

불행하게도 이곳에 있을 때 비뇨기과 수술을 두 번이나 하는 아픔이 있었다. 몇 년 전 수술 후유증으로 마음의 병까지 얻어 병원에 입원도 해보고 고향에서 휴양도 해보고 양로원에서 건강을 추슬러 보았지만 별다른 차도가 없이 약과 의지력으로 버틴 세월이었다.

불행하게도 목 디스크로 전주에서 치료하다가 차도가 없어서 서울 고도일 신경외과에서 시술을 받고 지금까지 잘 버티고 있다. 때로는 두통으로 시달려 한방에 가서 침술도 받아보았다. 최신 의료장비로 찍어댄 사진들만 해도 부지기수였다. 좀 유별난 건강 때문에 말하기도 부끄럽다. 그동안 나 때문에 교구청에 의료비 청구액이 만만치 않아 미안한 생각도 든다. 아프지 말아야지 하면서도 마음대로가 안 되는 것. 이것이 문제로다.

오랜 세월 병원에 들락거리며 시달리다 보니 본당에 미안한 마음이었다. 그러나 신자들은 이런 나를 잘 이해해 주었다. 고맙고

감사할 뿐이다. 수술 때는 본당에 휴가라고 속이고 동생과 동행해 서울에 가서 수술을 했다. 아무래도 건강 때문에 본당에는 마음을 다하지 못한 것이 마음에 걸린다.

당시 보좌신부였던 전보근(안드레아), 연규영(아우구스티노), 고장원(사도요한), 이정현(루카) 신부님들의 도움에도 감사를 드린다. 좋은 사제 되기를 기원합니다.

4. 본당 지붕 수리

금암성당에 부임하고 한 가지 어려웠던 것은 여름장마에는 지붕에 물이 새서 이곳저곳에 대야와 수건을 놓고 제대까지 물방울이 떨어져 미사 때 난감할 때가 많았다. 전임신부님들이 보수공사를 여러 번 해보았지만 물을 잡을 수가 없었다. 나라고 무슨 뾰족한 수가 있겠는가. 3년을 이렇게 지내다가 이대로 두면 천장이 무너질 사고위험이 있어서 중대 결심을 하였다.

사목회와 여러 번 상의하여 지붕 전체를 덧씌우기로 하고 전문가의 자문을 구했다. 그 길밖에 없다는 결론을 내리고 무리한 공사인 줄 알고 있었지만 주님 빽만 믿고 공사를 시작했다. 그리고 일을 벌린 김에 내부 페인트와 성당 안 인테리어도 손을 보았다. 특별히 성당이 어두워 조명도 밝히고 제대 뒤쪽을 밝은 나무로 과감히 바꿈으로써 성당 내부가 훨씬 밝아져서 좋았다. 공사 때 사고 없이 두 달 만에 일을 마치게 되어 하느님께 먼저 감사를 올립니다.

공사 때 신자들이 도와주신 헌금으로 부족함이 없었고 오히려 남은 돈은 본당 특별회계에 적립하였다. 모든 것이 주님의 축복이요, 신자들의 열성이었다. 이 자리를 통해서 다시 한 번 감사를 드린다. 마지막 해에는 여름장마 미사 때 천장을 쳐다보지 않아도 되는 미사를 봉헌했다. 금암성당은 나의 본당사목을 마친 잊을 수 없는 곳이며 신자들의 사랑을 많이 받은 곳이다. 부족함이 많았지만 감싸주고 기도해주신 은혜를 잊을 수 없는 곳이다.

내가 본당에 부임하면서 내 졸저 『귀본향』이란 책을 한 권씩 부임 선물로 드렸다. 그리고 전교용으로 이웃에게도 선물할 수 있도록 넉넉히 준비했다. 이런 작은 선물이라도 하고 나니 내가 행복했다. 가끔씩 잘 읽었다 고맙다는 전화를 받을 때 기쁨이 두 배가 되었다.

5. 배영길(베드로) 신부 서품

예수회 소속 배영길 신부는 금암본당 출신으로 2009년 7월 1일 서울 명동성당에서 서품을 받고 5일 금암성당에서 첫 미사를 올렸다. 오랜만에 사제 배출에 신자들은 영적기도와 물적 예물도 많이 주셨다. 감사하다는 인사를 올린다. 그리고 서울에서 예수회 동료 사제들이 많이 참석해주어서 자리가 은혜로웠다. 나도 성의를 다해 본당에서 부족함이 없도록 마음을 써주었다. 주여! 배영길 사제를 축복하여 주소서. 아멘.

6. 서석빈(바오로) 사제 서품

2010년 나의 사촌 아우 서석빈(바오로)이 프란치스코회 수사신부로 대전 프란치스코 성당에서 군종교구장 유수일(프란칫코 하비에르) 주교님의 주례로 사제품을 받았다. 우리 집안에서 사제가 두 번째로 탄생하는 기쁨이었다. 어려서 중앙성당에 복사도 하고 열심히 신앙생활을 하더니 주님의 부르심을 받았다. 성격이 원만하여 동료들에게 배려심이 많은 속 깊은 일꾼으로 알고 있다.

부산에서 1년간 보좌신부를 하고 지금은 캐나다에서 교포사목 겸 공부를 하고 있는 중이다. 성인신부 되기를 기원해본다. 그리고 이성자(마리아) 숙모에게도 축하와 고마움을 드린다. 주여! 바오로사제를 축복하여 주소서. 아멘.

7. 2009년에 서거한 인물들

2009년 2월 22일 김수환(스테파노) 추기경님이 선종하심으로 우리 교회는 큰 어른을 잃은 아픔이 있었다. 어려움이 있을 때마다 교회지도자로 사회의 원로로서 빛이 되어 주셨던 그분 앞에 조문객과 기도소리가 끊이지 않았다. 특히 유신 독재 때에 박 대통령과의 단독면담에서 하신 말씀을 잊을 수 없다. "물건이 공장에 들어가면 새 것으로 나오지만 사람이 공장에 들어가면 폐품으로 나온다." 당시 노동자들의 인권을 비유한 말이다. 당신은 약자의 편에서 사랑을 보여주시고, 그들과 고통을 함께 나눈 천사였습니다.

주여! 그에게 영원한 안식을 베풀어 주소서. 아멘.

2009년 5월 23일 노무현 대통령서거. 가장 서민적인 대통령으로 기억하고 있다. 그분 말씀 중 "국민이 대통령입니다." 라는 말이 너무 좋았다. 그는 말대로 서민정치를 해보려고 노력해 보았지만 그 길이 너무나 멀고 험했다. 대통령 직을 마치고 고향에 가서 사는 모습이 참 아름다웠는데 노무현 대통령과 부엉이 바위는 어떻게 설명해야 되는지 나로서는 할 말이 없다. 주여! 그에게도 영원한 안식을 베풀어 주소서. 아멘.

2009년 8월 18일 한국 민주화의 대부요, 노벨평화상 수상자인 김대중(토마스 모어) 대통령의 서거는 민주화를 열망하는 국민들에게 큰 슬픔이었다. 그리고 그가 남긴 풀뿌리민주주의는 지금도 성장하고 있다. 그는 소설보다 더 극적인 죽음을 넘어선 불굴의 정치인이요, 진정한 신앙인이기도 하다. 정적을 용서하고 모두를 품은 사랑과 용서의 사도였다. 그의 말이 생각난다. "용서는 용서를 낳고 피는 피를 낳는다." 당신은 진정한 평화주의자였습니다.

2009년은 세 분이 하늘길을 떠나는 해였다. 주여! 그들에게 영원한 안식을 베풀어 주소서. 아멘.

8. 두 아들을 얻음

첫 번째로는 내가 우전성당에 있을 때 신학교에 추천해준 이원재(마르코)가 2011년 1월 13일 중앙성당에서 이병호 주교님에게 사제품을 받았다. 나의 첫 번째 아들이 탄생했다. 우전성당 14일 첫 미사에 강론을 해주는 영광이 있었다. 오랜만에 만난 신자들의 기쁨도 있었다.

두 번째로는 원편성당에 있을 때 신학교 두 번째로 추천해준 유승현(마리노)이 2013년 1월 17일 중앙성당에서 신품을 받고 18일 원평성당에서 첫 미사 때 첫 미사 강론을 해주었다. 교회 관례상 추천 신부를 아버지 신부라 하는데 첫 미사에는 강론도 해주는 영광이 주어진다.

유승현(마리오) 신부 첫 미사 강론 원고

사랑하고 존경하는 교형자매 여러분 반갑습니다. 보고 싶었습니다.

먼저 새 사제 유승현(마리오) 신부님의 첫 미사를 경축하는 영광의 자리에 함께하게 된 것을 하느님께 감사드리고 싶습니다.

제가 2006년 지금으로부터 7년 전에 이곳에서 사목하고 있을 때에 눈이 맑고 얼굴이 잘생긴 청년이 찾아왔습니다. 신학교에 가겠다며 추천서를 써달라고 했습니다. 저는 이 말을 듣고 얼마 동안 그를 꼼꼼히 지켜봤습니다. 그는 일반대학을 졸업하고 직장 생활을 하면서도 예비 신학생 모임에도 성실히 참석했습니다. 그리고 몇 번 이야기를 나누는 동안에 그의 진정한 마음을 알게 되었습니다. 또한 집안도 제가 잘 아는 성가정이기 때문에 기쁜 마음으로 추천서를 써주었습니다.

제가 오늘 이 자리에 서게 된 것은 유승현(마리오) 신부님을 추천해준 신부이기 때문에 교회 관례로 신학교 추천 신부를 아버지 신부로 부른답니다. 그래서 오늘 이 자리는 아버지 신부의 자격으로 서게 된 것입니다.

제가 올해로 사제생활 40년을 지내면서 아들 신부가 없어서 아들 신부를 둔 신부들이 부러웠습니다. 또 어떤 신부님은 평생 아들 신부 한 사람도 없는 분도 계십니다. 그런데 저는 아들 신부를 둘이나 얻게 되어 얼마나 행복한지 모릅니다. 첫째 아들 신부는 재작년에 서품된 전주 우전성당 출신인 이원재(마르코) 신부인데 지금 프랑스 파리에서 유학 중이고, 이어서 올해에는 유승현(마리오)

신부를 둘째 아들로 두게 된 것입니다. 저는 유승현(마리오) 신부가 막내가 됩니다. 왜냐하면 제가 이번 달로 은퇴를 하기 때문에 이제 추천할 수 있는 기회가 없기 때문입니다.

사실은 은퇴를 미루고 유승현(마리오) 신부와 한본당에서 살고 싶은 욕심도 없지 않았습니다만 부득이한 사정으로 그 꿈을 접게 된 것이 아쉬울 뿐입니다. 우리 속담에 사랑은 내리사랑이라고 했던가요. 그래서 그런지 정이 많이 가네요. 그리고 아들 신부 둘을 얻었으니 행복해요.

한 달 전에 유 신부님이 저를 찾아왔습니다. 아버지 신부님이시니까 첫 미사 강론을 부탁했습니다. 그때 무슨 말을 해 줄까 하고 물으니 피정 들어갈 때 신부님께 편지를 올리겠다고 하더니만 며칠 전 편지를 받았습니다. 거기에 이런 말이 있었습니다.

"신부님, 저는 성소에 대해서 한 번도 의심해 본 적이 없습니다. 오직 주님만 보고 살아왔습니다. 아버지 신부님이 사목하시면서 행복했던 일과 제가 앞으로 살아가는 데 지침이 될 좋은 말씀이면 좋겠습니다." 라고 적혀 있었습니다. 그래서 저는 유 신부님이 상본에 새긴 성서구절 「마태복음」 14장 27절을 소개하려고 합니다.

"용기를 내어라. 나다. 두려워하지 마라."라는 성서 구절입니다. 그리고 성구에 대한 간단한 설명도 있습니다.

이렇게 설명하고 있습니다. "일상의 삶이라는 배에서 물 위에서 계신 예수님을 보고 내립니다. 또 어떤 분들은 배에서 평범하게 살아가지 왜 배 위에서 내리느냐고 묻습니다. 또 어떤 분들은 위험하다고, 어렵다고 말합니다. 하지만 저는 그분이 좋아 배에서 내려 물 위를 걸어 그분께 가렵니다. 그런데 그분을 바라보면 물 위에서서 걸어 갈 수 있지만 거친 파도를 비롯한 다른 곳을 바라보면 그분을 놓치고 물속에 빠지게 됩니다. 그래서 그분만을 바라보려고 합니다. 오직 그분만을 바라보고 선택한 삶에 충실히 겸손하게 살아가렵니다." 짤막한 글이었지만 너무나 찡하게 가슴을 울리는 감동의 내용이었습니다.

이 한 줄의 글에서처럼 죽는 날까지 그 마음 하나면 거룩한 사제로 충분합니다. 끝까지 그 마음 변함없는 사제생활이 되기를 바랍니다.

한 가지 빠뜨린 내용이 있습니다. 강론부탁으로 찾아왔을 때 명색이 아버지 신부인데 나도 선물 하나 해주고 싶다고 했더니 본당신부님과 신자들이 다 준비했으니 더 이상 부족한 것이 없다고 사양했습니다.

아버지 신부로서 이수현 본당 신부님과 신자 여러분께 이 자리를 통해서 고맙고 감사하다는 말씀을 드리고 싶습니다. 본당신부님과 도와주신 모든 은인들에게 박수 한 번 부탁드립니다.

또 박수를 받아야 할 분들이 계십니다. 새 사제로 탄생하신 유승현(마리오) 신부님을 낳아주시고 그가 사제의 길로 갈 수 있도록 봉헌해 주신 유승현 신부님의 아버님 유용산(바오로)님과 어머니

김선애(가밀라)님 그리고 신학교에서 학문을 가르쳐주신 교수님들과 그를 사제로 서품해주신 주교님과 기도해주신 모든 분들께도 박수를 부탁드립니다.

그리고요 염치없는 부탁이지만 둘째 아들 신부를 가진 저에게도 박수 한 번 부탁드려도 될까요. 고맙습니다. 감사합니다. 박수 크게 치신 분은 무병장수하시고 박수를 작게 치신 분도 명대로 건강하시기 바랍니다.

·

사실은 유승현 신부에게도 여러분에게 알려지지 않은 아픈 상처가 있었답니다. 신학교에 도전했다가 한 번 실패한 경험이 있었습니다. 그러나 그는 기다리고 인내하며 다시 도전해서 오늘이 있게 된 것입니다.

오늘 그가 택한 성서 구절에서 용기를 가져라 하는 말처럼 실망하지 않고 주님께 끝까지 매달려 그분의 제자가 된 것입니다. 다시 말하면 주님만을 보고 물 위를 걸어간 그 용기가 오늘의 영광이 된 것입니다. 보통 사람 같으면 나에게는 성소가 없는가 보다 하고 포기했을 것입니다. 그러나 유 신부님은 예수님만 바라보며 물 위를 걸어서 주님 품에 안기게 된 것입니다. 믿음의 용기와 인내와 성실함에 다시 한 번 박수를 보냅니다.

이제 선배 사제로서 몇 말씀 드리겠습니다.

사제는 첫째로 성무일도와 매일 미사를 봉헌하고 거룩한 성사를 집전하게 될 것입니다. 이런 권한은 사제만이 할 수 있는 고유

한 직무입니다. 사제만의 특권이요, 은총이기도 합니다. 그러나 이러한 일을 감당할 수 있는 길은 그리스도께서 십자가에서 당신이 희생 봉헌하셨듯이 자기 자신을 완전히 봉헌할 때만이 가능한 것입니다.

다시 말씀드리면 사제의 길은 영광의 길이기도 하지만 십자가의 길이기도 합니다. 사제의 성소는 죽을 때까지 완성되는 것이지 사제서품을 받았다고 완성된 것이 아닙니다. 사제가 되는 것보다 사제로 평생 거룩하게 사는 것이 더 어렵다는 말입니다. 그러므로 이 순간부터 어떠한 어려움이 있다 하더라도 축성된 기쁨을 잊지 말고 평생토록 성실히 살아주시기 바랍니다.

사제는 둘째로 기도하는 사람입니다. 그리고 하느님께 제사를 올리는 제사장입니다. 혹시 젊었을 때 게으름을 피우거나 바쁘다는 이유로 기도를 소홀히 하지 마시고 미사 시간 20~30분 전에 항상 사제가 먼저 성당에 앉아 기도하는 모습을 보여 주십시오. 그러면 신자들은 그 모습 하나만으로도 기도하는 신부 거룩한 신부라고 행복해 할 것입니다.

어느 가톨릭 잡지에서 이런 글을 보았습니다. 신자들은 똑똑한 사제를 원하기보다 성스러운 사제를 원한다고 했습니다. 똑똑한 사람은 사제가 아니더라도 세상에 많이 있습니다. 우리가 원하는 사제는 참 인간이거나 참 사제이거나 둘 중에 하나만이라도 신자들에게 만족시키면 성공한 사제다 라고 했습니다. 그렇습니다. 저도 이 글을 읽고 많이 반성해 보았습니다. 사제 이전에 인간이 먼저이지요.

그리고 노파심에서 한 마디 더해보면 신부에게도 유혹이 있답니다. 어느 글에서 보니까 그 사람을 시험해보려면 여자와 돈과 시간을 어떻게 관리하는가를 보면 알 수 있다고 했습니다. 사제에게도 예외는 아닐 것입니다. 늘 경계하며 기도로 잘 극복하시기 바랍니다.

세 번째로는 신부는 주일강론은 물론이고 매일미사 강론까지 성실히 준비해야 합니다. 신자들과 만날 수 있는 유일한 시간이기 때문입니다. 처음에는 원고를 적어서 또박또박 하는 습관을 가지십시오. 그렇게 몇 년 지나고 나면 강론 원고가 한 권의 책으로도 될 수 있고 본인에게도 큰 도움이 됩니다.

끝으로 유 신부님의 부모님과 그 가족들에게도 부탁 말씀드립니다. 새 사제의 부모님은 기쁨은 잠시뿐이고 앞으로 남은 날들을 아들 신부 때문에 마음 졸이며 지낼 때가 많을 것입니다. 이제부터는 개인 누구누구가 아니라 어느 신부님의 아버지 어머니라고 불릴 것입니다. 영광스럽기도 하겠지만 부담스러울 때도 있을 것입니다. 혹시 아들 신부가 실수나 하지 않을까? 다른 사람들에게 나쁜 소식을 듣지 않을까? 얼굴이 축이 나면 건강이 어떤지 걱정이 됩니다. 이제부터는 사제 부모님도 사제와 함께 작은 십자가를 지고 가야 합니다. 그렇다고 너무 걱정하실 필요는 없습니다. 내가 볼 때 유 신부님은 거룩한 사제로 부모님들도 지금까지 하느님 안에서 살아왔으니 주님께서는 잘 도와주실 것입니다.

그리고 신자 여러분에게 부탁 말씀드립니다.

사제란 선택받은 하느님의 종이기도 하지만 어찌 보면 인간적으로 약점이 많은 사람일 수도 있습니다. 허물을 보지 마시고 축성된 사제로 보시고 성인사제 될 수 있도록 많은 기도 부탁드립니다.

새 신부에게 아버지 신부로서 선물을 주고 싶다고 했는데 그냥 가면 도리가 아니지요. 제가 오늘 강론한 원고를 유 신부님께 선물로 올리겠습니다. 그래서 강론원고를 쓴 것입니다. 생각나면 한 번씩 읽어보시고 오늘의 축복을 기억해 주시기 바랍니다.

마지막으로 「사제는 누구인가」 라는 좋은 시가 있어 소개하면서 제 말을 마치겠습니다.

> 사제는 누구인가?
> 사제여! 그대는 누구인가?
> 그대는 그대로부터 온 것이 아니니
> 그대는 무로부터 왔느니라.
> 그대는 그대를 향해 있는 것이 아니라

그대는 하느님을 향하는 중재자요, 제사장이니라.
그대는 그대를 위해 있는 것이 아니라
그대는 하느님을 위해서 살아야 하느니라.
그대는 그대의 것이 아니니 그대는 모든 이의 종이니라
그대는 그대가 아니니 그대는 또 하나의 그리스도이니라.
그러면 그대는 무엇인고?
사제여!
그대는 아무것도 아니며 모든 것이니라. 아멘

— 2013년 1월 18일 원평성당

9. 네 분의 주교님을 모심

한공열(베드로) 대주교님

나는 신학교 초년기 때 전주교구장으로 계시던 한공열 주교님을 뵈었다. 그때 주교님과 함께 여름방학 때 신학생들과 냉면을 먹던 일이 생각난다. 당시는 귀한 음식이었고 주교님과 함께하는 자리라서 잊을 수가 없다. 그 후 광주대교구장으로 가시면서 대주교로 승격되어 가셨지만 얼마 후에 선종하셨다. 선종하신 후 유품 정리 때 당신이 쓰시던 가방을 구입했다. 사제생활 이사 때 제의가방으로 유익하게 사용했는데 언젠가부터 내 곁을 떠나고 말았다. 지금 보관하고 있으면 백 년이 넘는 골동품이 되었을 텐데 아쉬움이 남는다.

주여! 그에게 영원한 안식을 베푸소서. 아멘.

김재덕(아우구스티노) 주교님

김재덕 주교님은 나에게 서품을 주신 분이다. 내가 어렸을 때 번암 공소에서 처음 뵌 분이다. 키가 크고 말씀이 시원시원해서 인기도 좋았지만 나에게는 어려운 분이셨다. 부제 때 삭발데모로 꾸중도 들었지만 자비도 있으신 분이다. 건강상 일찍 은퇴생활을 하시다가 선종하셨다. 주교님은 유신 독재 시절에 민주화운동에 힘을 주신 분이시다. 특히 서울에서 열리는 전국시국 강론에서 "생일잔치 한 끼 잘 먹으려다 굶어 죽겠다." 라는 말씀으로 노동자들의 착취를 정부에 질타하셨다. 그 뒤에도 신부들의 인권운동에 정신적으로 많은 힘을 주신 분이셨다. 지금은 고인이 되셨지만 그 분의 용기와 판단은 특별하신 분이셨다.

주여 그에게 영원한 안식을 베풀어 주소서.아멘.

박정일(미카엘) 주교님

박정일 주교님은 내가 신학교 부제반 때 윤리신학을 가르쳐주신 은사 주교님이다. 제주교구장으로 계시다가 전주교구로 오시게 되어 나로서는 가까이 할 수 있어서 좋았다. 내가 교포사목을 신청했을 때 추천해 주신 주교님이시다. 미국에 오시면 들러주시고 멕시코 여행을 함께했던 추억도 있다. 주교님은 성격이 온화하여서 남의 말을 거절하지 못하는 분이시다. 타 교구 출신으로 전주

교구에 오셔서 신부들과의 친교가 어려웠지만 인자하신 성품으로 사제들을 잘 보살펴 주셨다. 몇 년 후 출신 교구인 마산교구장으로 가셨다. 얼마 전까지 한국천주교 시복 시성 일에 책임주교로 일하고 계시다가 지금은 은퇴하신 것으로 알고 있다. 주님! 주교님을 축복하여 주소서.

이병호(빈첸시오) 주교님

이병호 주교님은 현재 내가 속해 있는 교구장이시다. 그동안 교구청사문제로 오랜 수고 끝에 주님이 선택해 주신 지금 자리에 교구청사를 얻게 되어 감사한 마음을 금할 길이 없다. 누가 뭐라 해도 주교님의 기도와 노고로 이루어진 것이다. 청사에 들를 때마다 보람을 느낀다. 전동성당과 치명자산 중간에 세속 말로 명당 중에 명당으로 자리하고 있기 때문이다. 교구민 그리고 사제단 모두도 기쁨이 크다.

언젠가 내가 개인적인 신상문제로 면담했을 때 끝까지 들어주시고 좋은 충고의 말씀도 해주셨다. 특별히 이번 은퇴문제로 상담했을 때 흔쾌히 들어주시고 건강을 기원해 주셨다.

나는 그 자리에서 주교님에게 실례가 되는지는 모르지만 주교님의 업무가 과중하니 보좌주교를 두시고 주교님 건강도 챙기시고 사제들과의 진솔한 대화를 많이 나누는 것이 좋겠다고 말씀을 드렸다. 그리고 좀 곤란한 문제는 편지에 적어 올렸다. 주교님은 아무 말이 없으셨다. 주교님 실례가 되었다면 용서를 청합니다.

나는 주교님이 그 엄청난 교구 사목활동을 감당해내는 모습에 부러움과 존경을 표합니다. 항상 건강하고 성령의 힘으로 기쁨이 되게 하소서. 주님! 주교님을 축복해 주소서. 아멘.

전주교구청

제15장

천주교 신부와 여자 이야기

신부 생활을 하다 보면 별의별 경험을 하게 되는데 그중에서 여자 문제가 제일 관심사이고 복잡하다. 왜냐하면 건강한 남자가 독신생활이 가능한가? 세상의 눈으로 보기에는 이해하기 힘든 부분이다. 맞는 말이다.

앞에서 언급했지만 하느님을 위한 자신을 봉헌한 삶이라고 했지만 어쩐지 세속 사람들의 눈에 호기심이 많은 것은 사실이다. 그런데 신비스러운 것은 교회가 2천 년이 넘도록 오늘까지 이어져 왔다는 점이다. 그렇다고 그동안 아무런 문제가 없었는가? 그렇지는 않다. 독신생활 때문에 고위 성직자뿐만 아니라 일반 성직자도 교회를 떠났다.

사실은 사제독신제는 교회가 만든 전통이지 하느님의 법은 아니다. 이런 차원에서 볼 때 개신교 목사, 성공회 신부, 동방교회 성직자 그들도 하느님의 제자들로 부르심을 받은 자들이다. 각자의 다른 방식으로 성직을 수행하는 것일 뿐이다. 천주교 신부와 여자 관계는 너무나 예민한 부분이기 때문에 말하기가 조심스럽다. 그래서 내 개인적인 문제만을 말하고자 한다.

사실 나는 신학교 다닐 때부터 좋아하는 여자 친구가 있었다. 방학 때가 되면 데이트도 하고 좋은 친구로 지냈다. 본당에서 행사가 있으면 참여시켜 관심을 보여주었다. 함께하는 시간들이 좋았기 때문이다. 다행히 신자들의 눈에는 오해받지 않아 구설수에 오른 일은 없었다. 신학교 6년 동안 방학 때 즐거운 친구로 잘 지내고 지금은 결혼하여 잘 살고 있다. 천주교 신부라고 해서 여자 친구가 없으란 법은 없다. 본당에 가면 모두가 여자 친구들이다.

천주교 신부는 결혼을 하지 않았기 때문에 여자들에게는 한 번씩 유혹의 대상이 되기 쉽다. 잘났든 못났든 청춘이든 중년이든 노년이든 상관없이 천주교 신부라는 그 자체로 유혹의 관심이 된다. 신부생활하면서 본인도 모르는 사이에 여자 문제로 오해를 받을 수도 있다. 좋게 생각하면 관심이고 나쁘게 생각하면 구설수인 것이다. 그렇기 때문에 사제의 처신은 신중해야 한다.

그런데도 한순간 여자의 유혹의 시험에 들 때가 있다. 그 유혹의 방법은 하도 다양해서 소개하기가 어렵다. 한 가지 특징은 열심한 척 접근하는 것이 기본이다. 유혹의 방법은 너무나 다양하고 오묘해서 잠깐만 방심하면 코를 꿰는 지경까지 처하게 된다.

나는 조심스럽게 사제들에게 묻고 싶다. 그동안 사제로 한평생 살면서 유혹에 빠지지 않았다면 그는 성인이요, 유혹에 빠졌다가도 제자리로 돌아왔다면 그는 돌아온 탕자의 은혜이다. 그런데 나는 개인적으로 갈팡질팡하다가 많은 실수를 한 사제였음을 고백한다. 솔직히 말해서 내 삶을 비디오 영상에 비춰본다면 모두가 나에게 침을 뱉고 돌을 던지며 떠나버렸을 것이다. 지금 되돌아 생각해보니 이 일을 어찌 감당해야만 할까? 아무리 생각해봐도 하느님께 용서를 청할 뿐이다. 돌아온 탕자를 받아주심에 감사를 드린다. 이제 집 나갈 일도 없고, 아버지 곁에서 사는 것이 내 삶의 전부이다. 주님 앞에는 죄인이요, 인간 앞에는 부끄럽기 짝이 없는 사제였음을 고백하면서 용서를 청한다. 주님! 자비를 베풀어 주소서.

주님, 당신이 죄악을 헤아리신다면 주님! 감당할 자 누구이리까? (시편 130).

주님 그놈이 바로 이놈입니다. 주님 사랑과 자비와 용서 없이는 살아도 죽은 몸입니다.

하늘타리

은퇴 미사 후 점심

제16장

은퇴

금암성당에 온 지 4년이 지났다. 그리고 은퇴할 나이도 되었다. 교구청에 은퇴신청서를 내고 주교님 면담으로 은퇴가 허락되었다. 막상 허락을 받고 보니 상주할 집도 알아봐야지 여러 가지가 복잡했다.

그러나 머리에 떠오르는 한 가지 생각. 내가 이곳에 있을 때 사랑했던 신자들에게 무슨 선물이라도 하나 남기고 싶었다. 그래서 평소 모아두었던 글을 정리하여 『구름 위에 별은 빛나고』 라는 졸저를 출간하여 은퇴 선물로 드렸다. 책 머리글에 이 책은 사랑의 영수증이라고 했다. 이 말은 진심이다. 떠나면 얼굴은 볼 수 없지만 글은 남아 있으니 영수증인 것이지요. 영수증 잘 보관하고 생각나면 기억해 주셔요.

한편 이 자리를 통해서 고마운 마음을 드리고자 한다. 은퇴생활에 어렵지 않게 살 수 있도록 살림을 챙겨주고 사례금도 두둑히

주셨다. 은퇴 후에도 많은 신자들이 찾아와 주셨다. 안부전화도 해주고 건강도 챙겨주시는 분도 계셨다. 고마워요. 기도로 보답하겠습니다.

1. 은퇴 강론

분에 넘친 사랑, 참 고맙고 행복했습니다.

저는 사제생활 40년의 사목생활을 마치고 은퇴하려고 합니다.

회고해 보건대 칠삭둥이 같은 죄인을 당신의 도구로서 써 주심에 대하여 눈물로 감사를 드립니다.

하느님 앞에는 죄인이요, 인간 앞에는 허물 많은 죄인에게 사제생활 동안 너무나 과분한 축복을 주시고 이제 은퇴할 수 있는 기회를 주신 아버지 하느님께 감사를 드립니다.

그리고 사목생활을 통해서 만난 교회장상과 선배 동료사제 그리고 저를 기억해 주신 모든 신자들께 이 자리를 통해서 고마운 마음으로 감사의 인사를 드립니다.

사제의 은퇴란 사제 직을 떠나는 것이 아니라 교회의 요청이 있을 때 언제나 성무집행을 할 수 있습니다.

그렇기 때문에 은퇴란 사제생활이 끝나는 것이 아니라 죽을 때까지 사제생활의 연속인 것이지요. 사실은 사제가 신자들 곁을 떠

난다는 것은 혹자는 쓸쓸하고 두렵다고도 하지만 또한 홀가분한 마음으로 여유가 있어서 노년을 즐긴다고도 말합니다.

그러나 사제가 신자 곁을 떠남은 부모가 자식을 떠나보내고 홀로 선 둥지가 아닐는지요.

그래서 저는 하느님의 사랑과 자비를 믿고 홀로서기를 하는 용기를 가져봅니다.

그동안 금암성당에 있으면서 건강 때문에 은혜로운 강론도 못했고 본당 활성화에도 도움이 되지 못한 채 자리만 지키는 부족한 사제였음을 인정합니다.

그러나 신자들께서는 분에 넘치는 사랑으로 참아주시고 도와주셨습니다. 참 고맙고 행복했습니다.

우리 속담에 떠날 때는 말없이 조용히 떠나는 뒷모습이 아름답다 했습니다. 이제 그때가 되어 떠나려 합니다.

주님! 저의 은퇴 생활을 사랑과 자비로 보살펴 주소서. 아멘.

참회합니다.

1) 사제로서 소외되고 가난한 자들의 눈물과 아픔에 동참하지 못하고 제 자신만 챙기는 이기적인 삶을 참회합니다.
2) 제가 강론에서 하느님의 사랑을 외쳤지만 언행일치의 삶을 살지 못했음을 참회합니다.
3) 제 자신의 부덕으로 상처받은 모든 분들에게 이 자리를 통해서 참회합니다.

마지막으로 졸저 한 권을 놓고 갑니다.

금암성당 신자 여러분과 저를 기억해 주신 모든 분들께 주님의 축복을 기원합니다.

안녕히 계십시오.

서석구(사도요한) 신부

2012년 6월에 은퇴 허락을 받고 기거할 집을 마련하기 위해 지인들을 통해 알아보고 나도 이곳저곳 발품을 팔았다. 체질상 아파트는 거부감이 있다. 삭막한 콘크리트 속에 갇혀 사는 것이 싫어 도심을 벗어난 전원주택을 선호했다. 집을 지어 나가기는 시간이 촉박했고 기존 지어진 집을 찾다 보니 전북 완주군 소양면 원화심 60-12로 이사를 하게 되었다. 집은 2012년 7월에 매입하고 명의는 교구청으로 했다.

2. 은퇴의 첫 경험

급히 서두르다 보니 집을 꼼꼼히 챙길 여유가 없었다. 남이 살다가 1년간 비워둔 전원주택이었다. 대지와 건물이 커서 좀 부담되었지만 선택하고 나니 마음은 가벼웠다. 그런데 알고 보니 옆에 텃밭과 공유지가 내가 감당하기에 버거운 크기였다. 일단 선택한 것이니 빈터에다 차고를 짓고 정원을 꾸며 보았다. 내부는 벽지만 새로 하고 이사를 했다. 이사 오기 전 본당 신자들이 와서 청소도 해주고 사무장도 오가며 수고가 많았다. 대충 정리하고 2013년 1월 25일 이사를 했다. 처음 단독살림을 하다 보니 모든 것이 서툴고 여간 힘든 것이 아니었다.

본당에서는 본당 자체에서 다 해결되고 아파트는 관리사무소에서 해주지만 이제부터는 내가 단독 관리해야 하니 자신도 없고 괜히 사서 고생한다는 생각에 갈등이 심했다. 건강도 시원치 않고 신경이 예민하다 보니 병이 생길 정도였다. 이런 어려움을 내가 선택한 것인데 누구를 원망할 수도 없고 심적 고통이 말할 수 없었다. 시내에 나가 보면 아파트로 이사할까 생각도 들고 이렇게 갈팡질팡하다가 1년이 흘렀다.

3. 주방 언니의 약속 사고

또 하나 문제는 주방 언니가 외딴 곳이라 교통이 불편하다며 떠나버렸다. 이사 오기 전 집 구경도 시켜주고 함께하겠다고 해놓고 약속 사고를 냈다. 생각해보니 신중하지 못한 내 잘못이 컸다. 나만 좋으면 되는 것으로 생각했는데 착각이었다. 이 일로 마음고생을 하고 지내다 지인의 소개로 사람이 들어오기는 했지만 언제 무슨 일이 벌어질지 아무도 모른다. 편히 살아보려고 은퇴를 했는데 노후에 고생길로 드는 것 같아 심정이 복잡하다.

요사이는 생각을 바꿨다. 40년간 사제 생활은 본당의 도움 속에서 살았다. 단독으로 산다는 것에도 적응기간이 필요할 것 같아 1년을 버터보기로 결심했다. 은퇴생활은 낭만적인 행복이 주어질 줄 알았는데 그것은 거리가 먼 생각이었다.

내가 은퇴하기 전 은퇴자들의 고충을 들었을 때 철없는 늙은이의 푸념이라고 생각했는데 당하고 보니 그것이 아니었다. 내 입장에서 보면 경제적인 것이나 외로움이나 이런 것은 아니다. 생활의 변화와 건강문제가 나를 괴롭히고 있다. 그러나 사제로서 주님의 도우심을 믿고 은퇴생활의 행복을 찾아볼 것이다. 주님이 나의 주인이기 때문에 그분 뜻대로 살아보기로 다짐해본다.

4. 좋은 이웃

다행히 이웃은 좋은 분을 만났다. 나보다 연세가 많으신 내외분이 농사일을 감당하기도 힘드실 텐데 이사 올 때부터 도와주고 텃밭 가꾸는 데도 일손을 보태주신다. 개신교회 다니는 분으로 근면하신 분이다. 자제분도 가끔씩 전화로 건강을 물어물어 챙겨주신다. 이제는 친숙해져 음식까지 나누는 가까운 이웃사촌이 생겨 든든하다. 또 바로 뒷집은 천주교 신자로 부부교사다. 오고 갈 때 만나면 친절하게 인사할 정도로 좋은 이웃이 되었다. 위안이 된다.

올봄에는 뒷산에 올라 산나물을 캐고 매일 변해가는 자연의 모습에서 마음의 치유도 받았다. 혼자 깊숙한 숲 속에서 고향 생각을 하였다. 어릴 때 어머니와 산나물 캐러 다녔던 생각을 하면서 봄은 빨리 갔다. 이 글을 쓰는 지금은 삼복더위다. 빨리 여름이 갔으면 좋겠다. 가을이면 파란 하늘과 앞산에 단풍을 즐기며 자연을 즐겨볼 생각이다.

5. 자서전 쓰기

나는 은퇴하고 나서 전북대학교 평생교육원 '다시 쓰는 인생노트' 프로그램에 참여하여 6개월간 교육을 받았다. 자서전을 쓰는 교육이었다. 요사이 심정도 착잡하고 무더위가 기승을 부리지만 자서전을 써보기로 결심하고 용기를 내었다. 결과는 어떻게 나올지 모르지만 시작했으니 언젠가는 결과가 있으리라 믿으며 오늘도 컴퓨터 앞에서 자판을 두드리고 있다. 눈도 흐려지고 오자투성이지만 손가락이 아직은 움직여주니 할 수 있을 때까지 해볼 작정이다. 2013년 여름은 워드를 하면서 더위를 잊고 살았다. 언제 완성될지 모르지만 시작했으니 반은 한 것이다. 남은 반은 쉬어가면서 완성해 볼 작정이다. 서 신부! 힘내라.

6. 요셉동산 주일미사

이곳에 온 후로 매일미사는 집에서 하고 주일미사는 내가 몇 년 전에 원목으로 있었던 요셉동산 양로원으로 간다. 내가 있는 곳에서 제일 가깝기도 하고 자동차로 20분 정도면 된다. 이곳에 가면 몇 년 전 같이 살던 노인들도 만나고 강덕행 신부와 지정환 신부님과 원목신부와 합동미사를 드린다. 이곳은 내가 2년 동안 원목신부로 있었기 때문에 마음이 편하다. 주일날은 점심까지 먹고 온다. 언젠가 홀로서기가 힘들면 나도 요셉동산 양로원에 신세를 질지도 모른다. 이곳 생활은 단순하다. 건강을 위해 산보도 하고 주님 제자로 좋은 마침이 될 수 있도록 기도생활도 소홀하지 않고 있다. 주님 자비를 베풀어 주소서. 아멘.

제17장

미리 써둔 유언장

나는 조상님 덕택에 모태신앙인으로 이 세상에 왔습니다. 때가 되어 영세받고 견진을 받아 하느님의 자녀가 되었지요. 이것이 첫 번째의 성소입니다.

두 번째 성소는 사제로 부르심을 받은 것이지요. 지금은 사제생활 40년을 마치고 은퇴사제로 살고 있지만 주님의 축복이지요.

마지막 성소, 바로 선종하는 일입니다. 우리 속담에 복 중에 가장 큰 복이 선종의 복이라 했습니다. 지금 와 생각해 보니 모든 삶이 주님 부르심의 길이었습니다. 이제 길을 멈추고 뒤돌아보니 모두가 주님의 축복 아닌 것이 없습니다.

주님! 마지막 선종의 은총을 주소서.

저는 죽는 날 슬픈 날이 아니라 기쁜 날이 되고 싶습니다. 왜냐하면 그날이 하늘나라 가는 날이기 때문입니다.

내가 죽는 날 장례미사 때 근조가 아닌 축 선종이란 글이 적힌 작은 화환을 받고 싶어요.

그리고 영정 사진은 웃는 얼굴이면 좋겠습니다. 시간나면 준비해 놓겠습니다. 어두운 성가보다는 밝은 성가가 좋겠어요. 부활성가로….

하느님 앞에는 죄인이요, 인간 앞에는 부족함이 많았던 제가 아버지를 뵈오러 갑니다.

두렵고 설레는 길이지만 아버지 찾아가는 길로 인도해 주소서.

그리고 저를 낳아주시고 길러주신 부모님, 성직생활에서 만났던 사제단, 나를 위해 기도해 주신 모든 은인들에게 감사하다는 인사도 드리고 싶습니다.

고별사가 길면 실례이지요. 왜냐하면 삶이 짧은데 말이 많으면 그것도 실례이지요.

모든 것에는 때가 있고 하늘 아래 이루어지는 일에는 모두 다 때가 있습니다. 태어날 때가 있고 죽을 때가 있으며 심을 때가 있고 거둘 때가 있다고 했습니다.(전도서)

모두가 행복하고 감사했습니다. 고마웠어요.

귀본향歸本鄕

돌아가리라 돌아가리라
본향本鄕으로 돌아가리라
이 풍진風塵 세상에 내 한 몸 부려놓고
바람으로 돌아가리라.

누가 나를 찾거든
초대받아 고향에 돌아갔다고 전해주오
언제 돌아오냐고 묻거든
일전에 주민등록 반납하고
하늘나라로 이사갔다고 전해주오

아!
부럽다 하더이다
찾아갈 고향 있으니.

– (시집『귀본향』중에서)

1. 존엄한 죽음을 위한 유언서

제가 사고나 또는 병으로 치료가 불가능하거나 이로 인하여 죽음에 임박한 경우를 대비하여 저의 가족과, 제가 몸담고 있는 전주교구 그리고 저의 치료를 맡고 있는 의료진에게 다음과 같은 뜻을 밝혀 두고자 합니다.

1) 저의 병이 의료진의 진단에 의해 치료가 불가능하다고 판단될 경우 죽음을 연장하기 위한 어떠한 조치도 일체 거부합니다. 즉 뇌사나 식물인간 상태에 빠졌을 때 생명을 연장하기 위한 인위적인 어떠한 조치도 거절합니다.
2) 고통 중에 있을 때 고통을 덜어주는 약물치료는 가능합니다.

3) 죽은 후에는 장기기증 희망자 등록 신청대로 처리해 주시기 바랍니다.

4) 사후에는 화장해 주시고 장례는 교구 절차에 따라 처리해 주시기 바랍니다.

이 모든 일은 제가 몸담고 있는 전주교구청에서 처리해 주시기 바랍니다.

아울러 저의 요청에 의해 진행된 모든 행위에 대한 책임은 제 자신에게 있음을 분명히 밝혀 둡니다. 협조해 주신 여러분께 감사의 말씀을 올립니다.

2014년 10월 20일 화심집에서 서석구 신부.

2. 자산 유언서

유언서란 살아 있을 때 자기의 생각이나 재산 유업 그리고 남기고 싶은 내용을 글로써 기록한 문서이다. 사제는 관례상 피정 때 일 년에 한 번씩 유언장을 쓴다. 왜냐하면 교회의 공적인 사람이기 때문에 사후에 그 관리를 분명히 해두기 위해서이다. 유언장은 교구비밀 보관함에 보관되며 사후에 절차에 의해 연람된다. 나도 일 년에 한 번씩 쓴다. 해마다 생각이나 재산목록이 달라질 수 있기 때문이다. 최신에 기록된 것이 유효하다.

유언서는 살아 있을 때는 공개할 수 없다. 왜냐하면 유언서는 사후에 공개해야 하기 때문이다. 지금 내가 살고 있는 집도 교구유지재단 명의로 되어 있다.

가족관계

1. 조부모 · 외조부모

조부 : 서병석님(요한)

조모 : 이성녀님(마리아)

외조부 : 이종인님

외조모 : 이봉분님

부 : 서정우님(아우스딩)

모 : 이안나님(비비안나)

2. 형제(4남 1녀)

장남 서석준 徐錫俊(베드로) 수분리에서 출생.

차남 서석권 徐錫權(바오로) 남원 죽항리에서 출생.

삼남 서석구 徐錫九(사도요한) 번암면 노단리에서 출생.

사남 서석두 徐錫斗(토마스) 번암면 노단리에서 출생.

딸 서석금 徐錫金(아가다) 번암면 노단리에서 출생.

3. 형제들 결혼

장남 서석준 김복선(말지나)과 혼인 (전북 장수군 장계성당)

차남 서석권 강송자(마리아)와 혼인 (전북 남원성당)

삼남 서석구(사도요한) 1974년 7월 3일 김재덕 주교에게 서품받음 (전주 중앙성당)

사남 서석두 최연님(율리아)과 혼인 (광주광역시 월산동성당)

막내 누이동생 서석금(아가다) 이세균 혼인 (전북 진안성당)

나의 프로필

1. 약력

전북 장수군 번암면 노단리 1066번지에서 1943년 12월 24일 출생

번암초등학교

남원중학교

전주 신흥고등학교

광주 대건신학대학교

사제서품(1974년 7월 3일)

전주 중앙성당 보좌,

진안성당, 함열성당,

고창성당, 애틀란타 교포사목,

전주 화산동성당, 안식년,

김제 신풍성당, 전주 우전성당,

익산성글라라 수녀원, 김제 원평성당,

건강상 1년간 휴양, 요셉동산 원목,
전주 금암성당, 현재 은퇴.

함열신협 초대 이사장
고창신협 5대 이사장

떠날 때는 말없이

글을 마치면서

시작이 반이라는 말이 있듯이 작년 2013년 1월 25일에 은퇴하고 홀로서기를 하고 있는 동안에 많은 갈등이 있었다. 그래서 무언가 새로운 것을 찾던 중 자서전을 써보기로 했다. 처음 시작할 때는 자신이 없었다. 컴퓨터 자판을 두들겨도 오자투성이고, 눈도 침침해지고 손가락과 어깨도 아프고 모든 것이 불가능해 보였다. 그렇다고 손을 놓고 있자니 시간이 무료하고 무언가 시작해 놓고 보자는 심정으로 서두르지 않고 시간 나는 대로 옛날 기억을 더듬어 가며 컴퓨터 앞에 앉게 되었다.

이때에 나에게 용기를 주신 전북대학교 평생교육원 이금주 강사님께 고마운 마음을 잊을 수 없다. 초고 원고를 보냈을 때 철자와 띄어쓰기 그리고 편집까지 꼼꼼히 챙겨주셨다. 그리고 몇 차례의 만남을 통해서 좋은 격려의 말씀으로 위로해주신 힘이 크다. 감사의 말씀을 드린다. 그리고 내가 좋아하는 동창 정승현(요셉) 신부님의 조언과 머리글을 써주심에도 감사와 고마움을 느낀다. 항상 건강하시고 축복있으소서.

어느 책을 읽다가 '늙으면 나이로 살기보다는 생각으로 살아라.'는 글을 보고 힘을 얻었다. 그래 내 나이가 어때서, 지금 기억이 조금 남아 있을 때 내 삶의 기록인 자서전이라도 써 두어야겠다고 생각하며 용기를 내었다.

솔직히 말해서 나는 사제로서는 부족한 점이 많은 사람이다. 성직자는 모든 것을 주님께 의지하고 기도와 봉사하는 삶이어야 하는데 나의 삶은 그런 삶이라기보다는 교회 안에서 율법을 지키는 사무적인 생활이었다.

토마 사도처럼 내가 보지 않고는 믿지 않겠다는 지극히 이기적인 사제였다. 지금도 그 정도 범위를 벗어나지 못하고 있음을 솔직히 고백한다.

한마디로 말해서 포도나무에 메마른 가지로 붙어 있는 것과 같다. 그런데 비바람 속에서도 부러지지 않고 붙어 있었던 것은 주님이 선택하신 종에게 주신 측은지심과 자비와 사랑이라고밖에 볼 수 없다.

"갈대가 부러졌다 하여 잘라 버리지 않고 심지가 깜박거린다 하여 등불을 꺼버리지 아니하며 성실하게 인생길을 펴리라"(이사야 42,1-4)

지금도 내 마음은 폭포수처럼 흐르는 강은 아니다. 가뭄에 실개천처럼 언제 마를지 모르는 그런 다급한 상황이다. 그런데 한 가지 희망은 있다. 강물은 바다로 흐른다. 깊은 산속에서 흐르는 옹달샘도 지하수가 되어 강물과 만나서 바다로 가고 있다. 나도 그 속에 옹달샘 물로 바다로 흐르고 있다. 솔직히 말해서 내 사제 생활에 폭포수와 같은 은혜로운 삶은 체험해 보지 못했다. 그러나 보이지 않는 실개천도 마르지 않고 흐르고 있음을 나는 믿고, 남은 삶은 하느님 자비에 하루 낮과 밤을 맡기고 살고 있다.

생각해 보면 하느님 앞에는 죄인이요, 인간 앞에는 부끄러운 사람임을 자인하면서 늘 속죄하는 마음으로 참회하며 살고자 합니다.

"님은 너그러우시고 자비하시며, 분노에 더디시고 자애가 넘치시네."(시편145, 8)

주님! 저의 모든 삶은 당신의 과분한 축복이었습니다. 오늘 이 글을 마치면서 제가 사제였음을 자랑스럽게 생각합니다. 당신 앞에 갈 때까지 지켜주소서. 아멘.

"밀알 하나가 땅에 떨어져 죽지 않으면 한 알 그대로 남고 죽으면 많은 열매는 맺는다."(요한 12,24)

조부 서병석(요한)

작은할아버지 서병록(야고버)

부 : 서정우(아우스딩) 모 : 이안나(비비안나) 부부

1941 부친(서정우)과 함께
왼쪽 서정복 삼촌 오른쪽 서석준 장형

1940. 12. 30 남원천주교회 남성 성가밴드 (맨 왼쪽 부친)

1974. 7. 3 사제서품을 받고 가족기념사진

애틀란타 사제관 구정 때 한복을 입고

고창여고 특강

우전성당 사제서품 25주년 동생 부부 봉헌

우전성당 사제관 집무실에서

우전성당 주교님 견진집전미사

우전성당 HOME PAGE 개통 축하식

우전성당 성가대

우전성당 우사회 거제도 나들이

25주년 기념케이크 촛불 끄는 저자
왼쪽: 박인근 본당 회장

애틀란타 송별미사 민수종 회장 기념품 전달

금암성당 영세식

금암성당 나래회 나들이

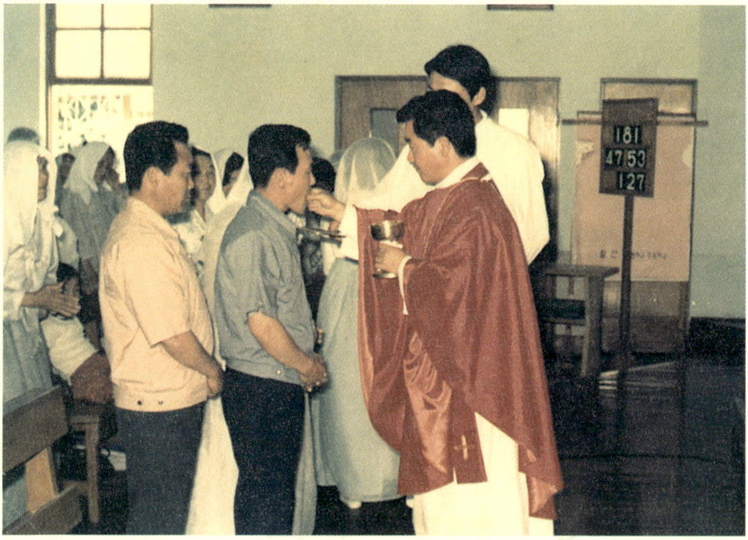

1974. 7. 4 광주 월산동성당 첫 미사 장형 영성체

번암 개울가에서 5남매

부친 작고 시 동료 부제들이 성당으로 장례미사 하기 위해 운구함

교회묘지에 아버지 장례를 마치고

조상 묘지 이장을 마치고

1966년 외가족, 이상일 신부와 예수회 신부와 우리 가족

별무리 선배들 졸업축하 기념

|사진으로 본 나의 어제와 오늘|

초등학교 6학년 때

중학교 1학년 때

고등학교 3학년 때

20살 청년시절

신학교 교정에서 5학년 때

청년시절 조카 딸

1973년 부제 때

신학교 4학년 때

축복이었습니다
사도요한 서석구 신부 자서전

인쇄 2014년 10월 20일
발행 2014년 10월 24일

지은이 서석구
발행인 서정환
펴낸곳 신아출판사
주소 전북 전주시 완산구 공북 1길 16(태평동 151-30)
전화 (063) 275-4000 · 0484 · 6374
팩스 (063) 274-3131
이메일 shina2347@naver.com sina321@hanmail.net
출판등록 제465-1984-000004호
인쇄 · 제본 신아출판사

저작권자 ⓒ 2014, 서석구
이 책의 저작권은 저자에게 있습니다. 서면에 의한 저자의 허락 없이 내용의 일부를 인용하거나 발췌하는 것을 금합니다.
COPYRIGHT ⓒ 2014, by Seo Seokgu
All right reserved including the rights of reproduction in whole or un part un any form.
저자와 협의, 인지는 생략합니다.
잘못된 책은 바꿔 드립니다.

ISBN 979-11-5605-138-1 03810
값 18,000원

이 도서의 국립중앙도서관 출판예정도서목록(CIP)은 서지정보유통지원시스템 홈페이지(http://seoji.nl.go.kr)와 국가자료공동목록시스템(http://www.nl.go.kr/kolisnet)에서 이용하실 수 있습니다.(CIP제어번호: CIP2014028904)

Printed in KOREA